坚持人民立场

中国共产党的成功之本

李清泉 著

人民日报出版社
北 京

图书在版编目（CIP）数据

坚持人民立场：中国共产党的成功之本 / 李清泉著.
—北京：人民日报出版社，2023.7
ISBN 978-7-5115-7894-5

Ⅰ.①坚… Ⅱ.①李… Ⅲ.①中国共产党—党员—思想政治教育—学习参考资料 Ⅳ.①D261.42

中国国家版本馆CIP数据核字（2023）第124889号

书　　名：坚持人民立场：中国共产党的成功之本
JIANCHI RENMIN LICHANG:
ZHONGGUO GONGCHANDANG DE CHENGGONG ZHIBEN
著　　者：李清泉

出 版 人：刘华新
策 划 人：欧阳辉
责任编辑：曹　腾　杨　校
版式设计：九章文化

出版发行：人民日报出版社
社　　址：北京金台西路2号
邮政编码：100733
发行热线：（010）65369509　65369527　65369846　65369512
邮购热线：（010）65369530　65363527
编辑热线：（010）65369523
网　　址：www.peopledailypress.com
经　　销：新华书店
印　　刷：大厂回族自治县彩虹印刷有限公司
法律顾问：北京科宇律师事务所　（010）83622312

开　　本：710mm×1000mm　1/16
字　　数：203千字
印　　张：15.25
版次印次：2024年8月第1版　　2024年8月第1次印刷

书　　号：ISBN 978-7-5115-7894-5
定　　价：58.00元

序

Preface

李清泉先生的著作《坚持人民立场》的清样稿，送到我手中，已有时日。因忙于手头一些要事，作序的事情耽搁了。

《坚持人民立场》这部著作的副题，已经把全书的主题讲清楚了。这就是：中国共产党的成功之本，在于始终不渝坚持人民立场。

全书第一章讲的是“中国共产党的成功”，这是回答“中国共产党成功之本”的前提。这一章要写好、写出特色来，是非常不容易的。读了清样稿，感到李清泉先生是下了功夫的。他围绕中华民族站起来、中华民族富起来了、中华民族迎来强起来等关键词，来写中国共产党之“成功”在何处。其中，最让人深思的是这一章涉及我国开始大规模社会主义建设到改革开放前这段曲折复杂的历史，作者抓住这段曲折复杂历史中一个值得人们去思考的问题：尽管我们在探索社会主义建设道路上犯过这样那样的错误，但是中华民族不仅站起来了，而且最终还是站住了。把这一问题提出来，就必然会引起人们的兴趣：中国共产党为什么在那样的情况下还能够成功？

李清泉先生在第二章回答这个问题的时候，也作了深入的思考和研究。作者告诉人们：中国共产党为什么能够取得如此不易的成功，是因为“政党”代表最广大人民的根本利益；“领袖”拥有厚重的人民情怀；“主义”具有深刻的人民性；“制度”也以人民为中心来建立和改革；“政策”更是来自人民群众的实践、依靠人民群众来实现并根据人民的需要而不断调整。其结论，自然而然，就是中国共产党的成功是因为这个党有一个根本的政治立场——“人民立场”。

按理说，写到这里，全书设定的主题已经讲清楚，但是，李清泉先生没有满足于讲清楚“是什么”“为什么”，而是进一步论述了国内外关注的两个重大问题：中国共产党夺取政权并长期执政的合法性在哪里？中国共产党能否创造更加光明的未来？这是难能可贵的。可以说，这部著作体现了作者的理性清醒和理性深刻，值得我们好好品味。

中国共产党夺取政权并长期执政的合法性在哪里？这也是我长期研究的一个重大课题。李清泉先生和我都不同意一些人从西方抄来的，认为政权的合法性来自竞争性政党制度等观点。我们认为，民心、民主、民生才是人民民主专政国家的合法性之源。其中，民心和民主都要落脚到民生。民生得不到改善，何来民心？民主不能体现在民生上，又有什么用？李清泉先生在这部著作的第三章，从民心、民主、民生这三方面阐述了中国共产党领导的国家政权是怎么坚持“人民立场”的。他不仅分析了我们中国共产党为什么能够夺取全国政权，而且论述了我们中国共产党为什么能够在中国这样一个人口大国长期执政。实际上，他还阐明了一个世界上许多人都关心的问题：为什么说中国是一个人民民主的国家？

中国共产党能否创造更加光明的未来？在全书的第四章，李清泉先生告诉我们：由于中国共产党始终坚持不忘初心、牢记使命，始终坚持发展是党执政兴国的第一要务，始终坚持改革开放是决定当代中国命运的关键一招，始终坚持以“人民安全”为根本，一定能够创造更加光明灿烂的明天。这不是盲目的自信，而是科学的自信。因为，中国共产党在延安时，就已经在思考如何跳出治乱兴衰的历史周期率。当年，毛泽东同志就已经提出执政党必须走“民主”之路，依靠人民来监督政府；现在，习近平总书记又进一步提出执政党必须勇于自我革命。把外依靠人民监督、内依靠自我革命，作为中国共产党“跳出治乱兴衰的历史周期率”的“两个答案”，正是这个党的伟大之处。所以，我们可以确信中国共产党这个百年大党一定能够永葆青春、朝气蓬勃地发展，一定能够带领全国人民创造更加光明的未来。

读着《坚持人民立场》的清样稿，我感慨万千，深感有必要向读者推荐这部新书。希望读者们也能够像我一样喜欢这部著作。

原中共中央党校副校长　李君如

2023年12月16日

前言

Preface

2021年，伟大的中国共产党诞生一百年了！百年来，世界潮流风起云涌、浩浩荡荡，多少政党在时代的伟大洪流中诞生，又在历史前进的残酷竞争中消亡。中国共产党诞生时只有50多名党员，现在已成为拥有9900多万名党员的世界上最大的马克思主义政党。百年风云锻造百年大党，百年大党推动百年变局。中国共产党在时代进步潮流中诞生，又引领时代发展方向，历尽艰辛、风雨兼程、砥砺前行、开创新局，带领人民始终朝着实现中华民族伟大复兴的道路奋进，创造了一个又一个人间奇迹，中华民族迎来了从站起来、富起来到强起来的伟大飞跃。

中国共产党自身的发展壮大举世瞩目，创造的辉煌功绩彪炳千秋。多少年来，一些外国政党、政要和学者总是对中国共产党有着这样那样的疑问：中国用几十年时间走完西方发达国家几百年走过的工业化历程；中国民主发展的形式和内容与西方不同，中国共产党的民意信任度却远远高于西方政党的民意信任度；中国在前进的道路上遭遇一次次风险考验，却总能在历史的紧要关口找到正确方向、化危为机，朝着既定的目标继续前进……

显然，西方理论已经难以解释中国共产党百年成功的秘诀，难以找到中国共产党长期执政的合法性，难以预测中国共产党未来执政的走向。解铃还须系铃人。中国共产党这个百年政党成功的秘诀，只能从自己艰难曲折的伟大历程中寻找，从自己取得的巨大成就中寻找，从自己理论创新带来的深刻变革中寻找……

2021年，习近平总书记高瞻远瞩地指出，我们党的百年历史，就是一部践行党的初心使命的历史，就是一部党与人民心连心、同呼吸、共命运的历史。人心向背关系党的生死存亡。赢得人民信任，得到人民支持，中国共产党就能克服任何困难，就能无往而不胜。

2021年11月，党的十九届六中全会通过的《中共中央关于党的百年奋斗重大成就和历史经验的决议》，把人民至上作为中国共产党百年奋斗的一条宝贵经验，强调党的根基在人民、血脉在人民、力量在人民，人民是党执政兴国的最大底气。这是中国共产党立于不败之地的根本所在，是我们党百年来从容应对各种挑战的成功之本。

2022年10月，习近平总书记在党的二十大报告中指出："江山就是人民，人民就是江山。中国共产党领导人民打江山、守江山，守的是人民的心。"

习近平总书记系列重要讲话和党的第三个历史决议，强调了我们党百年历史的真谛所在，指出了江山与人民的密切关系，提出了坚持以人民为中心的工作导向，在全国各族人民中引起了强烈反响，成为激发全党同志继续奋斗的时代强音。中国共产党强调"不忘初心、牢记使命"，最根本的是不忘人民，坚持人民立场，同人民保持血肉联系，为人民谋利益。这是中国共产党的根本政治立场，是马克思主义政党的一个显著标志，是中国共产党百余年来从容应对各种挑战的成功之本。

"坚持人民立场——中国共产党的成功之本"，是2017年国家社会科学基金的重点立项课题。近几年来，围绕这个课题，作者阅读了一些书籍，进行过调查研究，做了笔记。本书尝试站在世界百年未有之大变局加速演进和中华民族伟大复兴的战略高度，对中国共产党百余年历史发展进行思考总结，对中国共产党与国内外其他政党进行分析比较，努力用鲜明的观点、生动的故事、鲜活的语言，有针对性地回答百年大党的成功之道。

中国共产党为什么能够发展壮大？因为中国共产党能够顺应世界发展潮流，始终坚持为中国人民谋幸福、为中华民族谋复兴的初心使命，带领人民克服种种困难，进行艰苦卓绝的伟大斗争，开创了中国特色社会主义道路，使中国面貌发生了翻天覆地的巨大变化。同时，中国的发展，特别是新时代的伟大变革有力地改变了国际力量的对比，推动着国际大局中代表和平发展的力量不断发展壮大。

中国共产党为什么能够取得成功？因为中国共产党是全心全意为人民服务的马克思主义政党。中国共产党有具备强烈人民情怀和远见卓识的坚强领导核心，有具备鲜明人民性的马克思主义和中国化的马克思主义作为指导思想，有以人民为中心的制度安排，有符合人民愿望和要求的各项政策支持。

中国共产党长期执政合法性何在？一些国外政治家和学者认为，中国没有西方式的多党制、议会制和选举制，由此质疑中国共产党一党执政，没有民意基础，没有“合法性”，并推断中国政局“不确定、不稳定、不规范”。他们这么做，要么是坚持西方中心主义论调，拿西方政党制度、议会制度和选举制度作为标准来评判中国，主观臆断中国共产党执政缺乏合法性；要么对中国共产党不进行深入细致的调查研究，就浅尝辄止、盲人摸象似的自以为是、以偏概全地议论一番。“得民心者得天下，失民心者失天下。”中国共产党夺取政权、巩固政权、长期执政，是历史选择、人民选择，是人心向背的结果，其合法性在于深厚的民意基础。

中国共产党如何创造更加美好的未来？在新征程上，中国共产党将面对历史机遇和严峻挑战，坚持人民至上也将遇到新情况新问题，必须坚持用习近平新时代中国特色社会主义思想指引全党解决好大党面临的独有难题。只有这样，中国共产党才能做到不忘初心、牢记使命，带领全国人民实现高质量发展，不断深化改革开放，确保国家总体安全，向着全面建成社会主义现代化强国迈进，创造更加辉煌的功绩！在这一过程中，中国人民必将不断增加获得感、幸福感和安全感。

必须把中国共产党坚持人民至上的历史、现实和未来联系起来思考，使全书论述更有穿越时空的历史感、时代感。

目录

Contents

第一章　世界百年大变局中的中国共产党和中华民族伟大复兴

一、站起来……003

（一）第一次世界大战后两件大事深刻影响中国……004

（二）中国共产党在世界变局中诞生成长……006

（三）党在残酷环境中紧紧依靠人民生存发展……012

（四）党带领人民在伟大抗日战争中逐步壮大……019

（五）第二次世界大战后世界格局的重大变化……029

（六）国家主权和人民安全得到保障……033

（七）人民当家作主……035

（八）最深刻最广泛的社会变革激发人民热情……037

二、富起来……040

（一）世界格局的新变化和科学技术革命的新趋势……042

（二）新的伟大革命目的是增进人民福祉……043

（三）在世界社会主义发展低潮中奋起……047

（四）在经济全球化中加快发展……050

三、强起来……054
（一）世界百年未有之大变局进入加速演变期……054
（二）战略布局稳步推进……056
（三）减贫奇迹的世界贡献……064
（四）中华民族迎来强起来的伟大飞跃……066

第二章　中国共产党为什么如此成功

一、政党……071
（一）政党的试金石……071
（二）代表中国最广大人民的根本利益……075
（三）党离不开人民……078
（四）勇于自我革命……084
（五）坚持党的全面领导……085
二、领袖……087
（一）领袖的重要作用……087
（二）在斗争中成长……090
（三）厚重的人民情怀……095
（四）勇于担当的政治品格……104
（五）维护领袖权威……113
三、主义……114
（一）主义譬如一面旗子……115
（二）毛泽东思想体现人民性……119
（三）邓小平理论体现人民性……121
（四）“三个代表”重要思想体现人民性……123
（五）科学发展观体现人民性……124
（六）习近平新时代中国特色社会主义思想体现人民性……125

（七）开辟马克思主义中国化时代化新境界 …… 129
四、制度 …… 130
（一）国家竞争的核心是制度竞争 …… 130
（二）以人民为中心的制度 …… 134
（三）集中力量办大事的制度 …… 134
（四）推进制度建设 …… 135
五、政策 …… 137
（一）政策是党的生命 …… 138
（二）政策制定要符合实际 …… 144
（三）政策的稳定性和连续性 …… 148
（四）政策重在落实 …… 153
（五）人民是阅卷人 …… 156

第三章　中国共产党夺取政权和长期执政的合法性

一、民心 …… 161
（一）民心是最大的政治 …… 161
（二）得民心者得天下 …… 162
（三）得民心者治天下 …… 163
（四）中国人民对政府满意度高 …… 166
二、民主 …… 167
（一）符合国情的民主才是好民主 …… 167
（二）民主是党始终高举的一面旗帜 …… 169
（三）发展全过程人民民主 …… 174
（四）衡量民主好坏标准 …… 176
（五）享有最广泛最真实最管用的民主 …… 177

三、民生 …… 179
（一）人民对美好生活的向往就是党的奋斗目标 …… 179
（二）就业是最大的民生工程 …… 182
（三）加强社会保障体系建设 …… 182
（四）推进健康中国建设 …… 183
（五）建设美丽中国 …… 183
（六）中国人民生活改善显著 …… 184

第四章　中国共产党创造更加光明的未来

一、解决大党独有难题 …… 190
（一）不忘初心、牢记使命 …… 191
（二）统一思想、意志和行动 …… 194
（三）具备强大的执政能力和领导水平 …… 196
（四）保持干事创业精神状态 …… 197
（五）及时发现和解决自身存在的问题 …… 198
（六）保持风清气正的政治生态 …… 199
二、发展是党执政兴国的第一要务 …… 201
（一）发展是实现强国建设、民族复兴伟业的必然要求 …… 201
（二）完整准确全面贯彻新发展理念 …… 203
（三）以新发展理念引领高质量发展 …… 206
（四）加快构建新发展格局 …… 208
（五）让人民在发展中得到更多实惠 …… 211
三、坚定不移推进改革开放 …… 213
（一）改革开放是决定当代中国命运的关键一招 …… 213
（二）全面深化改革是有方向、有立场、有原则的 …… 215
（三）推进国家治理体系和治理能力现代化 …… 218

（四）推动全面深化改革落地生根 …… 220
（五）中国开放的大门只会越开越大 …… 222
四、保证国家安全是头等大事 …… 224
（一）坚持以人民安全为宗旨 …… 224
（二）把政治安全放在首要位置 …… 225
（三）以经济安全为基础 …… 226
（四）以国土安全为保障 …… 226
（五）建设平安中国 …… 227
（六）统筹发展和安全 …… 227

第一章

世界百年大变局中的中国共产党和中华民族伟大复兴

在奔腾不息的人类历史长河中，一百多年仅仅是短暂的瞬间。中国共产党诞生以来，人类社会政治、经济、科技、文化、军事等各个领域发生革命性变化，世界各国联系越来越密切，有时一国发生变革很快波及全球。中国共产党诞生以来的百余年，是顺应世界变局带来的历史机遇、带领人民筚路蓝缕奠基立业开辟未来的百余年。

辩证唯物主义认为，内因是决定因素，外因是条件，外因通过内因起作用。世界变局深刻地影响中国共产党诞生和发展，中国共产党的诞生和发展决定中华民族伟大复兴的历史进程，中华民族伟大复兴又有力地改变国际力量对比，推动着世界历史进程朝着和平、发展、合作、共赢的方向发展。百余年间，世界变局、中国共产党、中华民族，这三者就这样历史地、逻辑地、必然地联系在一起。

一、站起来

中国是一个历史悠久的东方大国。中华民族是伟大的民族，有着5000多年悠久的历史，为人类文明进步作出过重大贡献。在公元1820年前的1000多年中，中国一直保持着世界最大经济体的地位，一直到英国工业革命后才发生转变。卜正民在研究明代（1368—1644）经济和社会的著作中提出："曾经在世界中心的是中国而非欧洲。"从14世纪末到17世纪中叶，中国的国内生产总值是世界总量的28%~30%。到了1800年，中国占据全球生产总量的33%①。

从1644年到1911年的清朝，是中国悠久历史上最后一个封建君主制王朝。在这268年间，自康熙（1661—1721）、雍正（1722—1734）至乾隆（1735—1796）的130多年，形成过中华民族历史上的"康乾盛世"。乾隆末年，中国经济总量排名世界第一位，人口占世界三分之一，对外贸易长期出超，以致英国迟迟不能扭转对华贸易逆差②。

然而，17世纪中叶开始，英国等西方国家先后爆发资产阶级革命，开始从传统农业社会向现代工业社会转型，科技革命、产业革命推动生产力加速发展。1640年，英国爆发资产阶级革命；1775年，美国进行独立战争；1789年，法国爆发大革命；1861年，俄国废除农奴制；1868年，日本明治维新。这些革命，加速了欧洲封建专制制度的灭亡，推动了民主政体的建立，为资本主义的发展扫清了道路。在这一历史进程中，西方国家依靠战争、殖民、掠夺等方式实现现代化，在全球侵略扩张，掠夺资源，抢占市

① 〔美〕熊玠著：《大国复兴：中国道路为什么如此成功》，李芳译，湖北教育出版社2016年版，第47–48页。

② 《学习时报》编辑部：《落日的辉煌：17、18世纪全球变局中的"康乾盛世"》，中共中央党校出版社2001年版，第3页。

场，剥削其他相对落后国家和地区的人民。

腐败无能的清政府茫然不知世界局势已然发生改变，妄自尊大、拒绝开放，囿于传统、排斥改革，满足现状、故步自封，使得中国与西方的差距拉大，中国在世界格局中的地位急剧下降。1840年鸦片战争以后，中国逐步沦为半殖民地半封建社会，中华民族遭受空前的劫难。李鸿章喊出数千年未有之大变局，三千年未有之大强敌。1900年，八国联军入侵中国首都北京，中华民族更是跌入谷底。直到1921年，中国共产党的诞生，标志着中国人民的革命斗争进入新阶段。它深刻地改变了近代以来中华民族发展的方向，开启了中华民族伟大复兴的历史进程。此后28年，中国共产党带领英勇的中国人民浴血奋战、百折不挠，在土地革命时期开辟出一条农村包围城市的崭新革命道路。中国共产党和中国人民推翻帝国主义、封建主义、官僚资本主义的反动统治，争取民族独立和人民解放，创造了新民主主义革命胜利的伟大成就，建立了新中国，中国人民从此站起来了。

（一）第一次世界大战后两件大事深刻影响中国

近代以来，自强不息的中华民族从来没有放弃对实现复兴的向往和追求。为了民族复兴，几代人魂牵梦萦、上下求索。毛泽东同志生动地说："先进的中国人，经过千辛万苦，向西方国家寻找真理。洪秀全、康有为、严复和孙中山，代表了在中国共产党出世以前向西方寻找真理的一派人物。那时，求进步的中国人，只要是西方的新道理，什么书也看。"①中国人向西方学习很多，但是都行不通、都失败了。孙中山领导的辛亥革命，虽然终结了两千多年的封建帝制，仍未能改变中国的社会性质和中国人民的悲惨命运，没有完成民族独立和人民解放的历史任务。国家的情况一天比一天坏，人们生存的环境越来越恶劣，中华民族复兴的希望在哪里？于

① 《毛泽东选集》第四卷，人民出版社1991年版，第1469页。

是，向西方学习的怀疑产生了、增长了、发展了。“四万万人齐下泪，天涯何处是神州？”[①]谭嗣同的诗句，喊出了那时先进的中国人的悲愤和无奈。

这时，世界发生的两件大事，深刻地影响着中国，引起先进的中国人思考。

一件是1914年至1918年的第一次世界大战。这次世界大战，是资本主义发展到帝国主义阶段爆发的，是帝国主义国家为了抢占世界市场、抢占殖民地打起来的，是非正义的战争，也是整个人类历史上的第一次世界性的大战。这次世界大战结束后，巴黎和会确定的凡尔赛体系形成了帝国主义重新瓜分世界的新格局。这次战争震动了全世界，让世人领略了战争的空前残酷，也使中国先进分子对西方文明和进步产生了怀疑，感到西方资本主义制度完美优越的神话破灭，失去了原有的吸引力。这就推动中国先进分子对西方资本主义制度进行反思和批判，使他们放弃资产阶级共和国方案，继续探索挽救中国危亡的新途径、新办法。

另一件是1917年爆发的俄国十月革命。1917年11月7日（俄历10月25日），由列宁领导的俄国布尔什维克党依靠武装夺取政权，推翻反动的资产阶级临时政府，相继在俄国各地建立苏维埃政权，建立了世界上第一个社会主义国家。它是人类历史上一个划时代的伟大事件，极大地改变了20世纪的历史进程。中国先进分子从十月革命实践中，看到了解决中国问题的新出路、新希望。

世界发生的这两件大事，不仅改变20世纪世界的走向，也影响中国的社会变革。短短的几年时间，在中国发生的新文化运动、五四运动和中国共产党建立这三件大事，真正地打开了中国从封建走向民主、从封闭走向开放、从传统农业走向现代文明的进步阀门。这三件大事，是陈独秀、李大钊等一批中国先进分子发动并领导的。三者之间是环环相扣、层层推进、

① 《谭嗣同全集》，中华书局1981年版，第540页。

缺一不可的关系。

新文化运动爆发的直接原因是袁世凯复辟帝制，推行尊孔复古逆流。深层次原因是封建礼教三纲五常的旧道德禁锢了人的思想、扼杀了人的活力，封建制度阻碍了社会进步。历史证明，封建主义和封建儒学挡不住西方文明的猛烈冲击，更救不了中国，复辟帝制走回头路必定死路一条。要想救中国，必须从思想上改造中国、改造中国人，提高中国人的素质，造就一代新人。因此，陈独秀等先进知识分子创办《新青年》杂志，大力宣传新思想，开启民智，高举民主与科学的大旗，向封建意识形态发起猛烈的进攻，在古老的中华大地上，起到了振聋发聩的启蒙作用。

五四运动是彻底的反帝反封建的革命运动。五四运动之前，当中国成为战胜国的时候，大多数中国人以为中国有救了。可是，中国在巴黎和会的外交失败无情地毁灭了中国人的幻想。五四运动使中国先进分子认识到：封建主义救不了中国，资本主义也救不了中国，只有找到优于资本主义制度的先进制度作为奋斗目标，中国才有希望、有出路。这就是五四运动之后，陈独秀、李大钊信仰、引进和宣传马克思主义，毅然决然选择走十月革命道路的根本原因，这就是中国共产党产生的历史必然性，这就是一个古老民族的伟大觉醒①。

（二）中国共产党在世界变局中诞生成长

第一次世界大战和十月革命改变了历史前进的方向，掀起了欧美革命风暴并促进了亚洲各国民族解放运动的高涨，催生了各国无产阶级政党的诞生，加快了世界性的无产阶级政党组织——共产国际的创立。

1919年3月，由列宁领导创建的共产国际又称第三国际就是在这样的历史背景下诞生的。共产国际成立后，积极支持和指导欧美各国无产阶级

---

① 龙平平、李占才：《细说觉醒年代》，安徽人民出版社2021年版，第3、4页。

政党开展革命斗争，同时密切关注亚洲各国特别是中国革命运动情况，帮助这些国家的无产阶级建立自己的政党组织，积极支持和推动这些国家的民族解放运动和人民革命斗争。

中国共产党就是在这样时代进步的潮流中、在世界变局中应运而生。1945年4月，毛泽东同志在党的七大预备会议的报告中对这段历史作了简要的回顾，他深刻地指出："在第一次世界大战和十月革命胜利之后，世界的面目、历史的方向就变了。世界历史几千年以来都在发展着，进步着，但只有到了第一次世界大战和十月革命之后，才产生了新的方向。奴隶社会及其以后的封建社会、资本主义社会，都是人剥削人的社会。十月革命后的新的历史方向，就是取消人剥削人的制度。俄国人民已经得到了胜利。许多国家都有了共产党。我们党一九二一年建立，到今年已经有了二十四年的历史。日本共产党一九二二年建立，印度共产党一九二〇年建立。东方几个大国如此，其他如法国、意大利、英国、美国的共产党，大体上都是这个时期产生的。"①

最早酝酿在中国建立共产党的陈独秀和李大钊，他们曾留学日本，是具有世界眼光又接受中华优秀文明熏陶的先进分子，在寻求救国救民真理时逐步认识到，要用马克思主义改造中国，就必须建立一个无产阶级政党，使其充当中国革命的组织者和领导者。他们的目光从以青年学生为主转向以工农大众为主，从对思想文化的研究和传播转向建党的实际行动。

1920年2月，为躲避反动军阀政府的迫害，陈独秀从北京秘密转移到上海。李大钊护送陈独秀离开北京赴天津的途中，他们看到海河岸边成千上万的灾民在寒风中瑟瑟发抖，甚至卖儿卖女的凄惨景象，悲从心生。他们发誓要创立一个用马克思学说武装起来的先进政党，一个能把中国引向

① 中共中央文献出版社编：《毛泽东在七大的报告和讲话集》，中央文献出版社1995年版，第3、4页。

光明，让中国人能够过上好日子的无产阶级政党。

已是马克思主义者的陈独秀和李大钊约定，分别在上海和北京等地筹建党的组织，史称“南陈北李、相约建党”①。2021年热播的电视连续剧《觉醒年代》，对中国共产党创建的时代背景和历史状况、党的性质宗旨和崇高使命，作了生动刻画。

此时，中国共产党的创建可以说瓜熟蒂落、水到渠成，内部因素和外部条件均已兼备。

十月革命第一次把社会主义从科学理论变成一国生动的实践，为中国共产党的创建提供了实践标杆。十月革命之前，各种外来“主义”涌入中国，社会主义、无政府主义、新村主义、合作主义、泛劳动主义、基特尔社会主义、社会民主主义等思潮在各种刊物上纷然杂陈，人们一时分不清科学社会主义与其他思想流派的界限，马克思主义在中国没有为人们所重视。十月革命后，中国的先进分子经过反复比较，才选择了马克思主义的科学社会主义。毛泽东说：“十月革命一声炮响，给我们送来了马列主义。十月革命帮助了全世界的也帮助了中国的先进分子，用无产阶级的宇宙观作为观察国家命运的工具，重新考虑自己的问题。走俄国人的路——这就是结论。”②

中国社会阶级关系发生变化，特别是无产阶级队伍得到发展壮大。马克思主义是在欧洲资本主义社会诞生的，研究和解决的是资本主义社会的基本矛盾。鸦片战争以后，中国不再是一个独立的封建社会，也不是一个完整的资本主义社会，而是逐步沦为半殖民地半封建社会。第一次世界大战期间，中国民族资本主义经济得到迅速发展，中国工人阶级和民族资产阶级的力量进一步壮大。到1919年五四运动前夕，中国产业工人已达200

① 龙平平、李占才：《细说觉醒年代》，安徽人民出版社2021年版，第219页。

② 《毛泽东选集》第四卷，人民出版社1991年版，第1471页。

万人，成为一支日益重要的新兴力量。此时，中国社会内部结构正在悄悄发生深刻变化：已经有了无产阶级，有了资本主义因素，有了资本主义社会的基本矛盾，为中国共产党的创建奠定了阶级基础。

五四运动后马列主义在中国得到迅速和广泛的传播。1919年5月，以中国在巴黎和会的外交失败为直接导火索，从北京开始并以学生罢课斗争为先导，爆发了中国近代史上第一场由学生、工人和其他群众参加的全国规模的群众性反帝反封建爱国运动。五四运动推动了中国社会进步，促进了马克思主义在中国的传播，标志着中国新民主主义革命的伟大开端。以《共产党宣言》为代表的一批马克思主义著作，得到翻译、发表和出版，学习研究马克思主义的团体在全国各地相继建立，马克思主义学说开始成为新思潮的主流，为中国共产党的创建奠定了思想基础。

一批先进分子相继从激进民主主义者转变为马克思主义者。五四运动以前，新文化运动的重要人物李大钊、思想领袖陈独秀等先进分子，在寻求救国救民真理时，经过反复比较，最终选择马克思主义，并且努力宣传马克思主义，五四运动后成为中国早期的马克思主义者。李大钊是中国传播马克思主义的第一人。陈独秀主张改造中国必须走马克思主义指引的道路。湖南学生运动著名领袖毛泽东在五四运动的推动下，由激进民主主义者逐渐转变为马克思主义者。毛泽东后来在同美国记者埃德加·斯诺谈话时回忆说："到了一九二〇年夏天，在理论上，而且在某种程度的行动上，我已成为一个马克思主义者了。"[①]其他一批年轻的著名学生运动领袖邓中夏、周恩来、蔡和森等先后成为马克思主义者。这为中国共产党的创建准备了干部条件。

各地早期共产党组织的创建和活动，进一步促进了马克思主义同中国

① ［美］埃德加·斯诺：《红星照耀中国》，董乐山译，人民文学出版社2016年版，第147页。

工人阶级的结合。1920年8月，中国共产党早期组织在中国工人阶级最密集的中心城市上海首先建立，陈独秀任书记；1920年10月，北京成立共产党早期组织——“共产党小组”，年底成立共产党北京支部，李大钊为书记。武汉、长沙、济南、广州等地党的早期组织，也纷纷建立起来。在法国、日本，成立了由留学生和华侨中先进分子组成的共产党早期组织。这为中国共产党的创建准备了组织条件。

坚持人民立场的马克思主义价值观同中华优秀传统文化中蕴含的天下为公、民为邦本、为政以德、自强不息、亲仁善邻等理想追求具有高度的契合性，这为中国共产党的创建奠定了文化基础。马克思主义是人类历史上第一次站在人民立场探索人类自由解放道路的理论。马克思主义认为，人民是历史的创造者，是社会变革的决定力量。“无产阶级的运动是绝大多数人的，为绝大多数人谋利益的独立的运动”①，最终目标就是要实现“每个人的自由发展是一切人的自由发展的条件”②的共产主义社会。马克思主义是科学的理论、人民的理论、实践的理论、不断发展的开放的理论。为世界劳苦大众发声、立言、服务，是马克思主义的出发点和落脚点，贯穿于马克思主义哲学、政治经济学、科学社会主义等重要理论之中。中华民族自古以来就有自己的社会理想和对未来追求。比如，《礼记》中早就提出“大道之行也，天下为公”，这样的社会被称为“大同”。这样的“大同”思想，对历代政治家都有深刻的影响。民主革命先行者孙中山，也是以“天下为公”作为自己的理想和追求。当然，这种朴素的民主主义思想，与马克思主义学说中的科学社会主义不能同日而语，但是它为中国人接受把马克思主义作为指导思想的中国共产党的创建奠定了文化基础。今天，我们问，中国共产党从哪里来？中国特色社会主义从哪里来？应当说，从

① 《马克思恩格斯选集》第1卷，人民出版社2012年版，第411页。

② 《马克思恩格斯选集》第1卷，人民出版社2012年版，第422页。

5000多年中华文明走来。

第一次世界大战和十月革命胜利后历史前进的时代潮流浩浩荡荡，欧美革命风暴和各国民族解放运动的风起云涌，特别是共产国际的帮助，为中国共产党的创建提供了外部条件。1920年4月，经共产国际批准，俄共（布）远东局派维经斯基等人来华，了解中国革命的情况。维经斯基在给共产国际的报告中说，他的首要任务是“立足日美中三国利益发生冲突，要采取一切手段来加剧这种冲突”①；首先要考虑苏俄在远东的安全，在这个基础上考虑如何联合中国的革命力量、支援中国革命。他在北京、上海先后会见李大钊、陈独秀，讨论在中国建立共产党的问题。

1921年7月，中国共产党第一次全国代表大会在上海法租界开幕，最后一天的会议转移到浙江嘉兴南湖的游船上举行，出席会议的13位党员代表全国50多名党员。共产国际代表马林和尼科尔斯基出席会议。大会确定了党的名称、纲领，选举产生了党的领导机构。

中国共产党从成立之日起，就把人民的理论即马列主义作为指导思想，把为中国人民谋幸福、为中华民族谋复兴作为自己的初心使命，把实现社会主义和共产主义规定为自己的奋斗目标，坚持用革命的手段实现这个目标。这预示着一个新的革命火种已在沉沉黑暗的中华大地上点燃起来了，“星星之火，可以燎原”。

共产国际送来了马列主义、送来了组织指导，甚至送来了党活动的部分经费。中国共产党作为共产国际的一个支部，接受共产国际的领导。中国共产党第二次全国代表大会通过了《中国共产党加入第三国际决议案》，中国共产党正式成为共产国际之中国支部。

中国共产党就是在这样的国际变局中诞生的。它的创建，是中华民族发展史上开天辟地的大事变，给灾难深重的中国人民带来了光明和希望。

---

① 金一南：《苦难辉煌》，华艺出版社2009年版，第9页。

从登上中国政治舞台的那一刻起，一代又一代的中国共产党人前赴后继、浴血奋战、艰苦奋斗、无私奉献，谱写了气壮山河的英雄赞歌，牢记和践行为中国人民谋幸福、为中华民族谋复兴的初心使命，就成为贯穿我们党百余年奋斗史的一条主线。

（三）党在残酷环境中紧紧依靠人民生存发展

中国共产党成立初期人员很少、力量很小，因为怀有打破旧世界、建立新世界的远大理想和崇高使命，所以一成立，就不得不处于秘密状态，长期受到帝国主义和反动军阀的严密搜捕和血腥镇压。而帝国主义和封建主义力量太强大，中国革命的自身力量太弱，军事、政治、经济、文化等各方面难以与之抗衡。在这种极端严酷的环境中生存、发展，是中国其他政党很难做到的。

同任何反动势力一样，中国革命的对象和敌人不会自动退出历史舞台，这就决定中国革命的斗争形式，主要是武装斗争。中国革命的特点，是其他资本主义国家的无产阶级革命史中所没有的。在大部分资本主义国家中，内部没有了封建制度，有的是资产阶级民主制度；外部没有民族压迫，有的是自己民族压迫别的民族。在那里，通常开展的议会斗争、工人罢工等是合法的，斗争是不流血的。当然，有资本主义法西斯统治和有世界战争的情形例外。

在旧中国这样一个半殖民地半封建的经济科技文化十分落后且人口众多的东方大国，怎样发动组织中国革命力量？要不要开展武装斗争？怎样开展武装斗争？选择一条怎样的道路，才能打倒强大的敌人，把中国革命引向胜利？这是马克思主义理论和实践，都没有提供现成答案的崭新难题。

年幼的中国共产党一度按照共产国际的指示，简单套用马列主义关于无产阶级革命的具体观点和照搬俄国十月革命城市武装起义的经验，没有充分考虑中国具体国情和中国革命实际，没有认识到中国革命力量、革命方式、革命道路的特殊性，因而在革命初期，使中国革命遭受严重挫折。

马克思主义关于工人运动的判断、理论、方法是基于欧洲的情况，那里进入工业时代后，工人人数众多，农民正被世界潮流视为最落后的人群。俄国十月革命同样是在城市开展的，所以那里工人阶级是革命的主力。

中国共产党从欧美无产阶级革命和俄国十月革命的经验出发，初期工作重点也是做工人运动。早期共产党员大都到上海、北京、长沙等地工人中去做群众工作，办工人夜校、工人俱乐部、工会，开展工人罢工运动，争取工人合法权益，得到了工人信任。中国共产党成立时党员50多人，在此后不到两年的时间里，发起大小罢工100多次，已经体现出共产党的组织力量和工人阶级寻求解放的强烈愿望。

后来，几乎所有规模较大的工人斗争，包括1923年的“二七大罢工”都遭到反动军警血腥镇压。血的教训告诉共产党人，尽管工人运动为中国共产党培养了领导骨干，培养了大批先进人才，提高了党的威信和影响力，但是要推翻帝国主义和反动军阀在中国的残酷统治，仅靠工人阶级的力量是远远不够的。

中国共产党正是带着这种经验教训，在前进中寻找革命的联合力量。1922年7月，党的二大通过《关于“民主的联合战线”的议决案》，号召全国的工人、农民团结在共产党的旗帜下进行斗争，同时提出联合全国一切革命党派，联合资产阶级民主派，组织民主的联合战线。那时，中国国民党在遭遇一次又一次失败后仍坚持资产阶级民主革命。中国共产党认为，“中国现有的党，只有国民党比较是一个国民革命的党”①。

中国国民党也在寻找新的革命同盟者。帝国主义和北洋军阀对坚持资产阶级民主革命的国民党不满，而国际变局和国内局势新变化使孙中山逐

① 中央档案馆编：《中共中央文件选集》第1册，中共中央党校出版社1989年版，第146页。

渐认识到，十月革命后的俄国是同帝国主义根本对立的新兴力量。年轻的中国共产党虽然人数不多，但搞工人运动朝气蓬勃、充满活力。他决心同苏联合作，同中国共产党合作。

苏维埃政权作为一个新兴的社会主义政权，同样在寻找国际上的同盟。资本主义国家与之为敌，它需要国际上的同盟，中国国民党和新成立的中国共产党均被共产国际看中。1923年1月12日，共产国际执行委员会根据马林建议，作出《关于中国共产党与国民党的关系问题的决议》。这个决议对促进国共合作，起到重要作用。

1923年6月，中国共产党第三次全国代表大会，主要讨论了中国共产党与孙中山领导的国民党合作问题。会议决定，采取共产党员以个人身份加入国民党的形式进行国共合作，同时保持共产党在政治上、思想上和组织上的独立性。

同年10月，孙中山“以俄为师”，邀请苏联政府代表鲍罗廷到达广州，在共产国际和中国共产党的建议和帮助下，积极推进国民党的改组工作。

中国国民党改组后发生一系列新的变化：改组之前，国民党受西方政党政治影响较大，奉行自由主义；改组之后，认为俄国十月革命成功是以主义治国，所以要求党员信守三民主义。改组之前，国民党是一个隐秘的、封闭的、精英型的革命党；改组之后，逐渐转变为一个开放的、具有较广泛群众基础和较强动员能力的革命党，中央党部设立了农民部、工人部、青年部、妇女部和商人部。改组之前，国民党是松散的、没有组织的，活动基地和党员基础主要在海外；改组之后，重点学习俄国人善于组织的长处，主张民主集权制，建立一套从中央到地方与国家行政并行的层级机构，各级权力机关从全国党员代表大会到区分部党员代表大会，相应的执行机关从中央执行委员会到最基层区分部委员会。然而，由于“旧瓶装新酒”等原因，组织仍然比较松散。

1924年1月，中国国民党第一次全国代表大会在广州举行。国民党一大对三民主义作了适应时代背景的新解释，事实上确立了提出“联俄、联共、扶助农工”三大政策，突出了反对帝国主义的内容。这次大会的召开，标志着国民党改组的完成和第一次国共合作的正式形成。

国共合作正式建立后，大多数共产党员和青年团员加入国民党，国民革命的影响从国共两党扩大到工人、农民、士兵、青年学生和中小商人，形成了反对帝国主义和封建军阀的革命新局面。1926年5月，在中国共产党领导的工农运动的配合和苏联的援助下，国民革命军出师北伐，从珠江流域打到长江流域，取得了北伐战争的胜利，但是胜利中暗藏的危机也在发展。尽管那时中国共产党人数很少，但引起国民党中的反动派的极大恐惧。

1927年，蒋介石受到帝国主义和封建主义势力的拉拢，同时他担心中国被“赤化”，发动了“四一二”反革命政变。随后，在南方各省进行“清党”，大批共产党人和革命群众惨遭杀害，第一次国共合作全面破裂，轰轰烈烈的大革命最终失败，把人民推进十年内战的血海。

1927年8月7日，党中央召开的八七会议总结了大革命失败的经验教训，确立了土地革命和武装反抗国民党反动派的总方针。大会认为，中国共产党要取得革命胜利，必须解决农民土地问题，以充分发动农民参加革命，扩大革命力量；必须坚持武装斗争，组建党直接领导的军队。毛泽东在这次会议发言中强调：“以后要非常注意军事。须知政权是由枪杆子中取得的。”①

建党初期，中国共产党主要精力是领导工人运动，同时派出力量发动和领导农民运动。党的一大结束后不久，党领导的农民运动开始在浙江萧山、广东海陆丰和湖南衡山等地逐步兴起。但是，那时的中国共产党对农民力量还没有足够重视。

① 《建党以来重要文献选编》第4册，中央文献出版社2011年版，第393页。

1925年12月，毛泽东写出《中国社会各阶级的分析》，从马克思主义观点出发，通过对中国社会各阶级经济地位和基本立场的分析，得出中国无产阶级最广大和最忠实的同盟军是农民。文章开篇第一句写道："谁是我们的敌人？谁是我们的朋友？这个问题是革命的首要问题。"文中进一步指出："特别是大地主阶级和大买办阶级，他们始终站在帝国主义一边，是极端的反革命派。其政治代表是国家主义派和国民党右派。"①

当时，中国共产党内存在两种错误倾向：第一种倾向，只注意同国民党合作，忘记了农民，这是右倾机会主义；第二种倾向，只注意工人运动，同样忘记了农民，这是"左"倾机会主义。这两种错误倾向的共同特征是：忘记了农民。毛泽东此文就是为了反对此而写的。如果说敌人是需要去打击的，那么作为最重要的朋友——农民，却是需要去发动去组织的。

毛泽东在湖南发动的农民运动和这篇文章的刊发，使党内很多同志受到启发。1926年7月，在中共中央全会上，共产党也成立了农民部，毛泽东被任命为农民部部长。

1936年后，毛泽东对斯诺说过："谁赢得农民，谁就会赢得中国。谁解决土地问题，谁就会赢得农民。"②

当年湖南发生了什么？1927年3月，毛泽东写的《农民运动考察报告》作了详细说明，主要是为了答复党内党外对于农民革命斗争的责难而写的。当时的右倾机会主义者，不敢支持已经起来和正在起来的伟大的农民革命斗争。为了迁就国民党，他们宁愿抛弃农民这个最主要的同盟军，使工人阶级和共产党处于孤立无援的地位。毛泽东从湖南农民运动中，看到了占中国最多人口的农民力量，看到了人民力量。从此，只要有人民在身

---

① 《毛泽东选集》第一卷，人民出版社1991年版，第3、4页。

② 〔美〕洛易斯·惠勒·斯诺著：《斯诺眼中的中国》，王恩光等译，中国学术出版社1982年版，第47页。

旁，他无论遇到什么困难，都胸有必胜的信心！此后，他领导缔造出一支以农民成分为主的人民军队，创造了伟大的人民战争，建立了中华人民共和国。

中国共产党已经懂得，只有解决中国土地问题，才会赢得农民、赢得革命、赢得中国。然而，中国土地问题是千年难题，“耕者有其田”在传统中国喊了2000多年。历史上农民要求土地的革命数不胜数，但农民战争即使改变了朝代，也没有能改变农民的命运。那时，“占农村人口不到10%的地主，占有60%~70%的土地；而占农村人口70%的贫农连同雇农，却没有或只占有少量土地”①。如何对待这个千年难题，是共产党和国民党的一个主要分歧。共产党要消灭封建土地关系，国民党则要保护这种关系。所以，毛泽东说：“两党的争论，就其社会性质说来，实质上是在农村关系的问题上。”②

我们党在各革命根据地，深入农村，成立农会组织，打土豪、分田地，搞土地革命，彻底打破封建枷锁。1928年12月，在井冈山革命根据地，毛泽东主持制定了《井冈山土地法》。这是根据地第一个土地法，用法律形式肯定了农民分配土地的神圣权利，否定了封建土地所有制，对推动土地革命的深入发展具有重要意义。1931年3月，江西省苏维埃政府正式宣布：“土地一经分定，土地使用权、所有权统统归农民。”这就纠正了过去不切实际的“土地国有”口号，有利于土地革命的推行。

土地革命的深入开展，使农村革命根据地的面貌发生根本变化。被压迫的贫苦农民在政治上翻身，成为土地的主人；农民生产积极性高涨，促进了农业生产的发展，农民生活得到改善；政治、经济上的翻身，使广大

① 中共中央党史研究室：《中国共产党的九十年》，中共党史出版社、党建读物出版社2016年版，第5页。

② 《毛泽东选集》第三卷，人民出版社1991年版，第1077页。

农民迅速分清了共产党和国民党两个政党和两个政权的优劣，大大地激发了他们的革命积极性。他们拥护共产党，纷纷参加红军，加入以农民成分为主体的工农革命军队，支持革命战争，保卫和建设工农革命政权和农村根据地。当年，根据地农民把“最后一口粮当军粮，最后一块布做军装，最后一个儿子送战场”，形成鱼水相依、血肉相连的党群关系、军民关系。可以说，大革命失败后，在艰难的环境下，中国革命得以坚持和发展，主要是因为中国共产党在各革命根据地搞土地革命，服务人民、依靠人民。

国民党也有进步人士看到了土地革命重要性。国民党元老级人物张静江，被蒋介石称为“革命导师”，1928年至1929年，在他统治下的浙江乡村推行过温和的土改（二五减租），但是遭到了国民党内乡绅集团的激烈阻挠和破坏，张静江很快放弃了二五减租。

中国共产党在江西革命根据地有着深厚的群众基础，但后来中央临时负责人实行一系列“左”的政策：在土地政策方面，主张地主不分田、富农分坏田，还损伤了一部分中农的利益；在工商业政策方面，片面强调工人利益而把工商业很快搞垮了；在军事斗争方面，主张“御敌于国门之外”，命令红军主力北上应敌。这些“左”的政策导致中国共产党没能孤立蒋介石，反而孤立了自己，也直接导致了第五次反“围剿”失败，红军被迫实行战略转移，开始了著名的二万五千里长征。

红军长征胜利到达陕北。中国共产党依靠人民进行艰苦卓绝的斗争，继续探索中国革命的伟大道路，党的事业从小到大、从弱到强。毛泽东曾经富有远见地指出，延安是中国革命的落脚点，也是中国革命的出发点。

在一个半殖民地半封建的社会，在一个有着几千年封建传统的农村人口占绝大多数的大国，如何开展革命？年轻的中国共产党经过探索、失败、再探索，终于找到一条在根据地实行土地革命和土地改革，开辟农村包围城市、武装夺取全国政权的正确道路。中国革命走的是一条不同于俄国十月革命的道路，这是世界各国从来都没有走过的道路，完全是一条崭新的道路。虽然道路曲折，但中国共产党认定了方向，就朝着这个目标坚定地向前走。

（四）党带领人民在伟大抗日战争中逐步壮大

1931年9月18日，日本在沈阳制造了九一八事变。在国民党“不抵抗”政策影响下，东北很快全境沦陷。1937年7月7日，日本全面侵华战争爆发，中日民族矛盾上升为主要矛盾。这次战争是中国遭到的一次最大规模的帝国主义侵略战争。中国抗日战争在东方历史上是空前的，在世界历史上是伟大的。

中国共产党顺应历史发展大势，主张停止内战，提出全面抗战战略，促成了包括国民党集团在内的抗日民族统一战线的建立。国难当头，中共中央作出了停止推翻国民政府之武装暴动，停止没收地主阶级土地，改工农政府为中华民国特区政府，受南京国民政府指导；改红军为国民革命军，受国民政府军事委员会指导等具有重大让步性质的四项保证。在中国共产党推动下，1937年9月22日，国民党中央通讯社发表《中共中央为公布国共合作宣言》。次日，蒋介石发表实际上承认中国共产党合法地位的谈话。中共中央的宣言和蒋介石谈话的发表，标志着国共第二次合作的正式形成。当时国民党是执政党，拥有200万军队，共产党开始只有五六万军队。国民党同意第二次国共合作，对抗日战争的全面展开有着重大意义，也受到广大人民的欢迎。

1941年6月，德国法西斯突然进攻苏联，苏联军民奋起进行卫国战争。1941年12月，日本偷袭美国在太平洋的主要海军基地珍珠港，发动对英、美等国在太平洋属地的进攻。英、美对日宣战，太平洋战争爆发。国际局势的新变化，对中国抗战产生了重大影响。中国共产党根据世界反法西斯战场形势的发展，既重视苏联，注意保持同苏联的密切关系，又积极做美英工作，主张所有的中国人同美英军队并肩作战，建立世界东方国际反法西斯统一战线，打击日本侵略者。

坚持建立最广泛的抗日民族统一战线凝聚人心。抗战初期，中国共产党就清醒地认识到，建立全民族抗日统一战线将是中国抗日战争取胜的关键。毛泽东总结中国革命三大法宝时，就把统一战线作为其中一条重要经验。中国共产党代表中华民族的利益，提出全面抗战路线，认为抗日民族统一战线是各党各军各界各派的统一战线，是工农兵学商等一切爱国同胞的统一战线。中国的抗战力量最深厚的根基是在广大人民中，只有“唤起民众”，实行民众大联合，动员全国老百姓，造成陷敌于灭顶之灾的人民战争的汪洋大海，才能取得抗战最后胜利。因此，即使在抗战中出现严重困难和国民党顽固势力发动反共高潮的时期，例如，1941年1月发生皖南事变，中国共产党仍然以大局为重，依然坚持抗日民族统一战线。中国共产党通过口说、传单布告、报纸书册、戏剧电影、学校、民众团体、干部人员，把战争的政治目的告诉军队和人民，说明达到目的的步骤和政策，动员人民支持战争、参加战争，动员群众克服投降危险、分裂危险和倒退危险，克服困难，争取胜利。对统一战线的坚持与维护，使得中国共产党最大限度地凝聚人心，壮大人民抗日力量，逐渐发挥中流砥柱作用，并最终取得抗日战争的胜利。

国民党从大地主大资产阶级的利益出发，坚持独裁统治，仅仅实行单纯政府和军队的抗战，拒绝一切有利于抗战的根本改革，不给人民抗日所必需的民主自由权利，反对抗日战争成为人民大众的战争，担心人民战争损害其地位，影响在抗战胜利后继续它的统治。因而国民党主张的片面抗战，虽然也是民族战争，虽然也带着革命性，但其革命性不完全。

中国共产党为了团结更多的人抗日，在陕甘宁边区及其他抗日根据地实行减租减息政策。1937年8月，洛川会议决定以减租减息作为抗日战争时期解决农民土地问题的基本政策，既要求地主减租减息，改善农民生活，调动农民抗日和生产的积极性；又要求农民在减租减息之后交租交息，照顾地主的利益，争取和团结地主站在抗日一边，推动了代表地主阶级利益的国民党参加抗日的进程。洛川会议缓和了各根据地内地主与农民之间的关系，削弱了封建土地制度，调动了农村各阶级人民的生产积极性，促进了根据地经济的恢复和发展，青壮年参军积极性空前高涨，巩固和发展了抗日民族统一战线。“妻子送郎上战场，母亲送儿打东洋”，成了抗日根据地的普遍现象。

在抗日根据地开展经济建设和大生产运动。加强抗日根据地的经济建设，是中国共产党领导抗日军民独立坚持长期敌后抗战的重要环节。根据地经济建设主要是发展农业生产同时注意发展工业生产和对内外贸易，并建立银行，发行货币。抗战进入相持阶段后，日军作战逐步转向敌后战场，国民党实行消极抗日积极反共政策，再加上1941年国民政府停止给八路军发军饷，陕甘宁边区及敌后各抗日根据地在财政经济上日益困难，农民交税较重。1941年，为克服经济上的严重困难，坚持抗战，党中央号召根据地军民开展大生产运动。1942年年底，提出“发展经济，保障供给”的方针。根据地广大军民响应党中央号召，坚持自力更生，生产自救，取得了显著成绩。大生产运动改善了军民生活，减轻了人民负担，获得人民的真心拥护，密切了党政军民关系，不仅为根据地渡过难关、争取抗日胜利奠定了物质基础，而且积累了经济建设的经验。

在抗日根据地进行民主政权建设，提高了党的号召力。抗战时期，党中央一再强调，只有实行民主，抗战才有力量，才能取得抗战胜利，“民主是抗战的保证”，并视之为战后建立新中国、跳出周期率的制度保障。1937年5月至1946年3月，陕甘宁边区共进行了三次民主选举。当年以每粒豆子代表一张选票的“豆选”法，就很有创意。“金豆豆，银豆豆，豆豆不能随便投；选好人，做好事，投在好人碗里头。”通过这种普遍平等的民主选举，边区建立起真正代表民意的各级政权。美国记者杰克·贝尔登在《中国震撼世界》一书中记下他亲眼看到的“新式民主”选举是件多么新奇的事情，他得出结论：“不管共产党人距离完善的民主还有多么遥远，……但是共产党毕竟唤醒了千百万农民，使他们认识到自己有权选举官员，从而向民主迈进了巨大的一步。”他还比较了国共两党在推行民主上的不同：“国民党、蒋介石总是说中国人民还没有准备好实行民主，必须先实行一个时期的训政。解放区的领导人嘲笑了这种理论。”①

边区民主政治还有一个突出特点，就是推行“三三制”。根据民主统一战线原则，在人员分配上，规定共产党、非党的左派进步人士和不左不右的中间派，各占三分之一。提倡党外人士“知无不言，言无不尽”的民主氛围，政府领导虚心听取意见，“有则改之，无则加勉”，建立了有职有权的民主联合政府。中共延安“五老”之一、陕甘宁边区政府秘书长、边区参议会副议长谢觉哉后来深刻地总结：“我们那时搞三三制，并非我们工作太多做不了，而是争取人心归向我们。这目的是达到了。”②

在抗日根据地开展文化教育活动提升了人民素质，培养了各种人才。根据地政府组织知识分子发展国民教育，因陋就简创办中、小学校和开展社会教育，努力提高广大群众的文化素质。创办一些党校、军校等干部学校，为地方和军队建设事业培养大量骨干力量。创办党报党刊，在宣传动员组织群众等方面发挥重要作用。强调文艺为千千万万劳动人民服务，文学家、艺术家创作出许多优秀的文艺作品。

一个国家的“两个世界”。1944年10月，美军驻华使馆外交官、美军在延安观察组的核心成员谢伟思到延安后，和全组成员都有相同的感觉：“我们来到了一个不同的国家，碰到了不同的人。”这里的“精神气

---

① 〔美〕杰克·贝尔登著：《中国震撼世界》，邱应觉等译，北京出版社1980年版，第107–108页。

② 《谢觉哉文集》，人民出版社1989年版，第742页。

质和气氛”与国民党统治区相比都有不同，“初来乍到者在延安看不到警察，也很少看到士兵。也没有乞丐，也没有令人绝望的贫困迹象。衣着和生活都很简朴，除农民外，几乎每个人都穿同样普通的、用土布缝制的中山装。……士气是很高的。战争看来接近了，而且是现实的。这里没有失败主义，而是信心十足，没有厌战情绪。给人的感觉是每个人都有工作干。这里到处强调民主和同老百姓的鱼水关系。”[①]在与国民政府依靠外援，腐败无能的比较中，观察组成员清醒地意识到：救中国，非共产党之力量不可。

1945年，黄炎培等国民党参政会6位代表访问延安。黄炎培在日记中写道，在延安看到的，没有一寸土是荒着的，也没有一个人好像在闲荡。政府对于每个老百姓的生命和生活好像都是负责的。中共军队每到一地方，必首先争取民众，使民众站起来，聚拢过来，让他们自由投票选出满意的人做乡长或其他公职。军队绝对不参加地方政治，让地方民众去监督，这样才能使老百姓出心出力。用日记方式写成《延安归来》一书，详细记载了黄炎培亲眼目睹的中国共产党施政政策和解放区的成就，给各种荒唐谣言以当头一棒[②]。

抗日战争时期，陕甘宁边区就像磁铁一样吸引着千百万群众向往，吸引了大批知识分子从长城内外，像潮水般涌向延安；吸引了国民党统治区许多人，包括民主党派和外国人，他们非常羡慕和向往延安，很快在全国形成了“天下人心归延安”的壮观景象。

抗日战争时期，中国共产党成了全国范围内的大党。大革命时期和土地革命时期，中国共产党的政权范围比较小，还不能起多大作用，是时，

① 〔美〕约瑟夫·W·埃谢里克编著：《在中国失掉的机会：美国前驻华外交官约翰·S·谢伟思第二次世界大战时期的报告》，罗清、赵仲强译，国际文化出版公司1989年版，第181–185页。

② 《八十年来：黄炎培回忆录（片断）》，中国文史出版社2017年版，第119、147页。

从规模和影响力上说，中国共产党还是一个小党，只是很少的人认识中国共产党。广大的中间阶层，也有同情共产党的奋斗精神的，但共产党到底有多大力量，人们还不认识。加上党内一些“左”的做法，还有国民党的反动宣传，共产党是什么？干什么？人们大都还认识不足，甚至产生误解。

抗日战争时期则不同，中国共产党始终高举争取全民族抗日的大旗，积极推动建立全国广泛的抗日民族统一战线，坚决支持中国农民解决民主民生问题，使自己成为农民最坚定的同盟军。党的武装力量，也在坚持同日寇进行艰苦卓绝的斗争中重新发展壮大起来。党在全国人民中的影响力、知名度扩大了，从而赢得了人民的信任。

人民为什么如此信任共产党？因为他们从无数次的亲身经历中感受到：只有共产党才真正地“把屁股端端地坐在老百姓这一方面”。土地革命无疑是根据地人民最难以忘怀的一件事情。毛泽东指出：“在新解放区，如无此项坚决措施（指减租——引者注），群众便不能区别国共两党的优劣，便会动摇于两党之间，而不能坚决地援助我党。在老解放区，则应复查减租减息的工作，进一步巩固老解放区。”①

在旧中国经济文化非常落后的社会里，在长期被敌人分割的农村和白色恐怖的城市中，建立起一支团结统一、纪律严明、英勇善战的工人阶级先锋队，这在世界政治史上是罕见的壮举，毛泽东豪迈地称之为“伟大工程”。抗日战争胜利时，中国共产党已发展成为120多万党员的大党，通过开展整风运动，召开党的七大，使党成为思想上、政治上、组织上统一的马克思主义政党，中国共产党由地区性小党，成为全国范围内的大党。抗日根据地的面积达到近100万平方公里，人口近1亿人，人民军队由只有4万人，发展到120多万人，民兵发展到220万人。这些都是伟大的成功。

①《毛泽东选集》第四卷，人民出版社1991年版，第1175页。

毛泽东在党的七大开幕词中指出：伟大的抗日战争胜利后，在中国人民面前摆着两条路，光明的路和黑暗的路；有两种中国之命运，光明的中国之命运和黑暗的中国之命运。

共产党和国民党是决定中国之命运的两大政党。代表中国最广大人民利益的中国共产党，就是要建设一个光明的中国。代表大地主大资产阶级利益的、得到美国支持的国民党，就是要迎接一个黑暗的中国。中国共产党全力去争取光明的前途和光明的命运，反对另外一种黑暗的前途和黑暗的命运。

共产党方兴未艾、蒸蒸日上，国民党则前途渺茫、危机四伏，这是由两党在抗战胜利后对中国之命运不同性质的把握造成的结果，是由两党在解放战争时期经济政治等方面采取不同的政策造成的结果，也是由两党自身在14年抗战以来所作所为造成的结果。

共产党努力争取和平得人心，国民党全面发动内战失人心。全国人民经过14年抗战，不愿意打仗，中国共产党顺应人民要求，坚持要求成立联合政府，毛泽东亲赴重庆，诚心诚意和国民党和平谈判，使许多人进一步认清中国共产党谋求和平的真诚愿望，受到了舆论的热烈赞誉。1945年10月10日，国共双方签署了“双十协定”，这是一个有利于实现国内和平、有益于维护中国人民利益、有助于促进中国进步繁荣的协议。

国民党面对英、美、苏三国不赞成中国发生内战和全国人民普遍期待能和平建设国家的情形下，被迫接受协议。但是社会基础极其狭隘的国民党，“愈来愈流露这样一种信念：追求统一和民主的中国，他们将失去一切”。后来，蒋介石在美帝国主义的援助下，倚仗着拥有一支500多万人的庞大军队，再次撕毁和平协议，发动空前的反革命大内战，企图消灭人民力量、消灭共产党，回到抗战前半殖民地半封建社会的状态。这当然是中国共产党不会答应的，是中国人民不会答应的，是极端不得人心的。

1946年5月中共中央发布的《五四指示》和1947年10月中共中央颁布的《中国土地法大纲》，标志着党的土地政策从实行减租减息到实现耕者有其田的转变，指引在封建制度压迫下的亿万农民汇入伟大的民主革命的洪流。它提出了彻底废除封建土地制度的政策，最终形成了一条土地改革总路线，即依靠贫农、雇农，团结中农，中立富农，有步骤地分别消灭封建剥削制度，发展农业生产。轰轰烈烈的土地改革运动，猛烈冲击着几千年来的封建土地制度，使亿万农民获得了土地、粮食、房屋，进一步调动广大农民革命和生产的积极性，进一步巩固各解放区，使战争获得源源不断的人力和物力支持。为了保卫翻身成果，农民以“保田参军”为口号，各处都掀起参军热潮。东北解放区土改3年来，共有160万人参军。在华北也有近百万人参军。人民军队不仅数量多，而且质量好，华东区新兵中，贫农和中农占90%。翻身农民还克服困难踊跃支前、交公粮。陈毅曾深情慨叹：“我就是躺在棺材里也忘不了沂蒙山人，他们用小米供养了革命，用小车把革命推过了长江。”1950年6月，毛泽东指出：“我们已经在北方约有一亿六千万人口的地区完成了土地改革，要肯定这个伟大的成绩。我们的解放战争，主要就是靠这一亿六千万人民打胜的。有了土地改革这个胜利，才有了打倒蒋介石的胜利。”[①]解放战争时期，人民群众通过肩挑背扛、小车推送运送大量物资和划船运送解放军渡江，为人民解放军取得辽沈、淮海、平津三大战役决定性胜利提供了巨大支持。

国民党为了进行内战，进一步投靠美帝国主义，大量出卖中国的权益。随着内战的持续，国民党政府的军费支出猛增，财政赤字巨额，恶性通货膨胀引起物价飞涨，人们生活陷入极度困境。农村土地改革试验搞不下去，农作物产量减产，广大农村饥民遍地。城镇基层群众在饥饿和死亡线上挣扎。1944年6月，美国驻华使馆外交官谢伟思在《中国的局势和关

① 《毛泽东文集》第六卷，人民出版社1999年版，第73页。

于美国政策的建议》报告中写道："中国面临经济崩溃。这一点正在招致军队和政府机构人心涣散。……士气民心低落。沮丧情绪广为扩散。普遍感到绝望。在远离大城市的地方，中央政府的权威正在削弱。政府的命令和管制措施不能贯彻执行，处于无政府状态。……受通货膨胀之害最重的知识分子和薪水阶层处于生死存亡的危险中。……农民对滥肆征兵、征税和其他形形色色的强制性摊派的不满，已经广为发展，而且正在加强……国民党军队内部不满情绪正在增长……国民党谋取自我利益的政策和拒绝听取进步的批评意见，已经失去了人民的敬重和支持。"①

抗战胜利后，国民党又在接收过程中搜刮民财，巧取豪夺。在北平的所谓"接收"，确如民间报纸所讥讽的，实在是"劫收"。民众讥称那些"接收"大员是"五子登科"，即只知道掠夺金子、房子、车子、票子、女子。当时，北京还流传这样的民谣："想中央、盼中央、中央来了更遭殃"，"想老蒋，盼老蒋，老蒋来了米面涨"。蒋介石后来败退台湾后，深刻地反思了失败原因，认为国民党"并不是被共匪打倒的，实在是我们自己打倒了自己"②。

1949年9月21日，中国人民政治协商会议第一届全体会议在北平举行。中共中央主席毛泽东在开幕词中豪迈地宣告："占人类总数四分之一的中国人从此站起来了。""我们的民族将再也不是一个被人侮辱的民族了，我们已经站起来了。"③新中国的成立，标志着中华民族任人宰割、饱受欺凌的时代一去不复返了，中国发展从此开启了新纪元。

中华人民共和国的成立，标志着中国共产党经过28年的革命，终于夺

① 〔美〕约瑟夫·W·埃谢里克编著：《在中国失掉的机会：美国前驻华外交官约翰·S·谢伟思第二次世界大战时期的报告》，罗清、赵仲强译，国际文化出版公司1989年版，第139–140页。

② 谢春涛主编：《中国共产党为什么能？》，新世界出版社2020版，第20页。

③ 《毛泽东文集》第五卷，人民出版社1996年版，第343–344页。

取了政权。全国人民革命热情高涨，中华大地万象更新。中国共产党踏上了带领人民创造幸福美好生活的新征程，党的历史也揭开了新的篇章。

历史的车轮滚滚向前，但前进的道路是曲折的。人类历史上一个阶级推翻另一个阶级的革命，诞生的新政权没有站住的不计其数。中国新生的人民政权能不能站住脚？中国共产党能不能管理好国家？打天下能不能治天下？这种疑问和担心，存在于相当一部分人中，国际上的朋友和敌人也在注视和等待着这个回答。它并不是空穴来风，无中生有。

国际上，以美国为首的西方阵营孤立、威胁和封锁新中国。朝鲜战争爆发后，美国又把战火烧到我国鸭绿江边，严重地影响了我国的和平建设。后来，苏联搞霸权主义和大国沙文主义，在中苏和蒙古边境陈兵百万，严重威胁着中国的主权和安全。

国内军事上，人民解放战争虽然取得基本胜利，但还没有完全结束。国民党还有上百万军队在西南、华南和沿海岛屿负隅顽抗。在新解放区，国民党还留下大批残余力量，同恶霸势力及惯匪相勾结，严重危及社会新秩序。败退到台湾的蒋介石集团妄图反攻大陆，卷土重来。

经济上，新中国继承的是一个千疮百孔的烂摊子。生产萎缩，民生困苦，失业者众多。正如毛泽东所言："大难甫平，民生憔悴，须有数年时间，方能恢复人民经济。"[1]中国共产党带领人民度过了三年困难时期，创造性地进行了社会主义改造。

党的建设上，中国共产党面临全国执政的新考验。党必须尽快学习经济建设和治理国家的全新本领，还要继续保持实事求是、谦虚谨慎和艰苦奋斗的优良传统，经得起资产阶级"糖衣炮弹"的攻击。

面对复杂的形势和艰难的考验，中国共产党带领人民迎接各种挑战，采取一系列政策措施，开启了建设新中国的伟大斗争，战胜政治、经济、

① 中共中央文献研究室：《毛泽东书信选集》，人民出版社1983年版，第345页。

军事等方面一系列严峻挑战。“新中国在错综复杂的国内国际环境中站稳了脚跟。”①

以毛泽东同志为主要代表的中国共产党人，带领全国人民在社会主义建设中探索前进，取得了重大成就，也发生了“大跃进”和“文化大革命”那样的重大错误。但是，总的看，从1949年到1978年，中华民族不仅站起来了，而且站住了。

（五）第二次世界大战后世界格局的重大变化

第二次世界大战后的中国，与世界联系更加密切。新中国的政权能否站得住，与中国共产党是否把握第二次世界大战后世界格局的重大变化有着极大关联度。如果说，第一次世界大战主要是帝国主义国家之间的战争，那时还没有苏联这样的社会主义国家，许多亚非拉国家人民觉悟也不够；那么，第二次世界大战就是一场世界人民反抗法西斯的正义之战，苏联社会主义国家和觉醒的中国等国家参加了世界反对德日意法西斯的统一战线。

第一次世界大战时，中国共产党还没有诞生，当时中国先进分子逐渐摒弃之前向西方资本主义学习的救国梦想，开始探索救国救民新道路。

第二次世界大战时，中国共产党已经诞生，经历了建党初期艰难困苦、坎坷不平的路途，成长为一个立足中国大地、胸怀世界格局的成熟的无产阶级政党，正在领导着八路军、新四军和广大中国人民，积极参加抗击日本侵略者的伟大战争，加入世界反法西斯统一战线。据胡乔木回忆，那时，毛泽东全神贯注关注苏德战争发展、关注太平洋战争进程，中国共产党既“保持同苏联的密切联系”，又“积极做美英的工作”，并且根据世

① 《〈中共中央关于党的百年奋斗重大成就和历史经验的决议〉辅导读本》，人民出版社2021年版，第23页。

界反法西斯战线形势的变化，“指导国内斗争”[①]。

1945年2月4日到11日，苏联、美国、英国三国首脑在苏联的克里米亚举行雅尔塔会议，确定战后世界秩序和列强利益分配问题。会议形成的雅尔塔体系，实际上体现和承认了两种不同的社会制度和平相处的局面。

1946年3月5日，英国首相丘吉尔在美国发表著名的“铁幕”演说，第一次把反法西斯战争胜利后的世界分为隔绝的两半：东方社会主义和西方资本主义两个对立的阵营。

第二次世界大战后世界格局的这种新的重大变化，自然引起中国共产党的高度重视。那时，由于两大阵营的对立，许多人认为要爆发第三次世界大战。毛泽东敏锐地观察到，美苏矛盾不是当时世界的主要矛盾，苏联不愿跟美国打，美国同样也不愿同苏联打，美苏之间打不起来，第三次世界大战打不起来。

毛泽东曾经非常真诚地希望第二次世界大战后，与美国、苏联搞好合作关系。在抗战胜利前，他对在延安的美军观察团成员谢伟思说，希望战后美国能援助中国重建；并说：“苏联人民在战争中也遭受了巨大的牺牲，将忙于他们自己的重建工作。”他认为，中国要想迅速复兴发展，实现工业化，只能靠自由企业和外国资本援助。中美两国“能够也必须合作共事”[②]。但是，随着战后美苏走向对立，美国朝野普遍把中国共产党看作苏联阵营的一方刻意排斥，而把国民党看作西方自由主义的象征进行扶持。美国开始想帮助国民党使中国社会回到战前半殖民地半封建社会，继续享受在华不平等待遇。后来看到国民党失败，美国提出承认中共政权的前提条件中重要的一条，就是要新政权承认历史上中国政府与外国签订的不平等条

① 《胡乔木回忆毛泽东》（增订本），人民出版社2014年版，第42页。

② 〔美〕琳·乔伊纳著：《为中国蒙难——美国外交官谢伟思传》，张大川译，当代中国出版社2014年版，第68页。

约。这无疑是中国共产党和中国人民不能答应的。毛泽东战前思考的中美两国合作也就无法实施。

面对世界社会主义潮流的蓬勃发展和美国政府对中国共产党的敌视政策，中国共产党制定了“一边倒”的外交政策。在世界陷入冷战的背景下，世界社会主义欣欣向荣，东欧及亚洲一些国家都建立起共产党掌握政权的人民民主国家。到新中国成立时，在东欧有南斯拉夫、阿尔巴尼亚、罗马尼亚、保加利亚、匈牙利、波兰、捷克斯洛伐克、民主德国共8个人民民主国家。在亚洲已有朝鲜、越南、蒙古3个共产党领导的人民政权。第二次世界大战后，全世界有12个人民民主国家或社会主义国家。后来亚非拉民族解放运动风起云涌，世界一度出现了“东风压倒西风”的大好局势。

毛泽东指出：“这就是联合苏联，联合各人民民主国家，联合其他各国的无产阶级和广大人民，结成国际的统一战线。”①很明显，中国要倒向以苏联为首的社会主义国家。新中国成立之初，中国遭到以美国为首的西方国家的军事包围、经济封锁和外交孤立。苏联是世界上第一个社会主义国家，它以完全不同于西方的模式实现现代化。那时，中国在政治、经济、文化和社会生活的方方面面，都能找到苏联的影子，社会上流传着一句家喻户晓的口号，“苏联的今天，就是我们的明天”。

“一边倒”的外交政策有助于新中国的建设和发展。在新中国成立初期和“一五”计划期间，有的延续到“二五”计划期间，苏联援建中国156个项目。东欧国家也对中国给予了援助，中国和东欧各国签订协议引进成套设备建设的项目有116项②。这些项目分布区域广泛，包括东北、华北、西北、中南、西南等，为新中国工业化发展和自主创新打下了重要基

① 《毛泽东选集》第四卷，人民出版社1991年版，第1472页。

② 李忠杰：《中国共产党历史通览》（上），中共中央党校出版社2021年版，第308页。

础。一个国家以项目方式帮助另一个国家建设，这在中国工业化历史上是绝无仅有的，在世界工业化历史上也是极其罕见的。

新中国提出“打扫干净屋子再请客”的主张，确立国与国之间在相互尊重主权和平等的基础上建立新型外交关系。新中国建立前，帝国主义国家与旧中国签订的政治、经济、文化等方面的条约和协定，通过这些条约和协定，帝国主义国家逼迫旧中国割地赔款。对这些“污泥浊水”必须彻底清除，以免后患。当时，有民主党派人士问毛泽东，新中国同苏联外交关系是否能做到平等互利。毛泽东明确回答，不要有这种担心。1949年12月，毛泽东在同斯大林会谈中，坚持苏联废除1945年同国民党政府签订的《中苏友好同盟条约》，取消苏联在中长铁路、旅顺口及大连港等方面一切在华特殊权益，与新中国重新签订一个新的体现完全平等的条约。在中国共产党的坚持下，1950年2月14日，《中苏友好同盟互助条约》正式签订。这充分表明中华人民共和国同任何国家建立的都是平等的新型外交关系，也充分表明新中国新型的外交政策，结束了近代百年来丧权辱国、割地赔款、屡战屡败、卑躬屈膝的屈辱史，保证了中国人民重新获得独立和尊严，维护了中华民族和中国人民的利益。

进入20世纪50年代后期，一直到六七十年代，社会主义阵营分化。为维护国家主权，中国同美国、苏联两个核大国进行斗争。苏共作为社会主义阵营的老大哥，后来在许多重大问题上处理不当。苏共二十大上，赫鲁晓夫作了一个全盘否定斯大林的秘密报告，暴露了苏联共产党和苏联社会主义建设中存在的问题，引起了世界社会主义阵营的震动，波兰和匈牙利相继发生了“波兹南事件”和“匈牙利事件”。苏共处理兄弟党、兄弟国关系时，奉行大国沙文主义和“老子党”作派，使得各国共产党裂痕加深。苏联无视中国主权，提出在中国建立长波电台，两国建立共同舰队等，使中苏关系破裂，苏联从中国撤走专家，中苏意识形态论战加剧，苏联在中苏边境陈兵百万。加上朝鲜战争、金门炮战、中印自卫反击战、越南战争，真刀真枪，而不是虚声恫吓，中国周边安全危机时有显现。

中国面临着来自美国资本主义阵营和苏联修正主义的挑衅。第二次世界大战结束到20世纪60年代中后期间隔已经超过两次世界大战之间的间隔，这样复杂严峻的国际形势，使中国共产党作出世界大战迫在眉睫的重大判断，进行“三线建设”，坚持以阶级斗争为纲，错误发动了“文化大革命”。

直到20世纪70年代初，毛泽东和尼克松实现历史性握手，奠定了中美关系正常化的政治基础，两国的合作才真正得以实施。随后中日建交、中美建交等，中国面临的国际环境才有所改善。

（六）国家主权和人民安全得到保障

新中国诞生，深受帝国主义、封建主义和官僚资本主义三座大山压迫的中国人民，无疑是兴高采烈、欢欣鼓舞的，社会主义国家和爱好和平进步的世界其他国家的人民也是支持的。国内外敌人却伺机攻击新中国政权，企图将其扼杀在摇篮中。

从国内看，国民党的残余军队还有相当一部分负隅顽抗。中国人民解放军按照中央军委统一部署，继续向华南、西南进军，相继取得了衡（阳）宝（庆）战役、广西战役、贵阳战役、重庆战役和成都战役的胜利，解放了海南、云南、四川、西康、西藏的广大地区，到1950年6月，以雷霆万钧之势扫荡国民党反动派130万人。在新解放区，人民解放军进行了大规模的剿匪作战，到1950年6月，歼灭国民党土匪武装近百万人，使社会秩序初步稳定，有力地保护了人民安居乐业，这也结束了百余年来中国受耻辱的历史，实现了大陆真正的统一。中国统一历史上从来没有过这种盛况，即使过去统一的封建帝国也有土匪的割据，乡村是由绅士领导。蒋介石的统一是形式统一，但实际上没有实现。只有新中国的统一落实到了乡村，到了祖国的四面八方、每个角落。

从国际上看，以美国为首的西方阵营孤立、威胁和封锁新中国。1950年6月，朝鲜战争爆发，美国政府纠集“联合国军”进行武装干涉，侵朝美军无视中国政府的一再警告，悍然越过三八线，把战火烧到中朝边境的鸭绿江。当时，“联合国军”总司令麦克阿瑟“所设想的是要在全世界范围内击败共产主义，给共产主义以‘重重一击，使其永世不得翻身’，这必将成为逆转红色浪潮的历史性标志。他的‘计划’不仅包括向鸭绿江大举进攻，还包括摧毁中国东北的空军基地和工业基地，封锁共产党中国的海岸，破坏其工业中心，为蒋介石入侵大陆提供一切必要的支援，以及把中国国民党的军队运往朝鲜以加强我们的地面力量。他由衷地想念这些行动会打破共产党对大陆的控制”①。

应朝鲜劳动党和政府请求，党中央和毛泽东作出了中国人民志愿军出国作战的重大决策。1950年10月，中国人民志愿军奉命开赴朝鲜战场，与朝鲜人民军并肩作战。历经五次大的战役，共歼敌23万余人，把战线稳定在三八线附近。1953年7月，美国不得不在朝鲜停战协定上签字，抗美援朝战争取得伟大胜利。经此一战而胜，可谓“打得一拳开，免得百拳来”，用伟大的胜利向世界宣告“西方侵略者几百年来只要在东方海岸上架起几尊大炮就可霸占一个国家的时代一去不复返了”。国家主权和安全得到保障，人民生活在和平的新中国，再也不是战乱不断的旧中国。

同周边国家建立和发展睦邻友好关系，是新中国外交的既定方针。20世纪50年代中期，通过积极推行睦邻政策，倡导和平共处五项原则，我国的周边环境得到明显改善。但是，从50年代末到60年代初，中国同有关

① 《李奇微回忆录：北纬三十八度线》，王宇欣译，新华出版社2013年版，第135页。

国家边界、海界纠纷凸显出来，通过有理、有力、有节的斗争，中国周边基本稳定下来。中国人民解放军是捍卫社会主义国家的钢铁长城，确保了主权独立和国家安全，保卫了人民生命财产安全。

（七）人民当家作主

中国共产党要建立一个全新的中国。为人民服务，“得民心者得天下”，这是新中国政权合法性的基础。

党领导人民建立的国家称为“中华人民共和国”，各级政府称为“人民政府”。毛泽东说，各级政府都要加上“人民”二字，各种政权机关都要加上“人民”二字，如法院叫人民法院，军队叫人民解放军，以示和蒋介石政权不同①。

宪法明确了中华人民共和国国体，保证了人民当家作主权力。确立中华人民共和国是工人阶级领导的、以工农联盟为基础的人民民主专政的社会主义国家，明确了各阶级在国家中的地位和作用。中国的一切权力属于人民。

宪法明确中华人民共和国政体，保证了人民行使国家权力的方式。实行民主集中制的各级人民代表大会，这是新中国的根本政治制度。新中国既不采用资产阶级的议会制度和三权分立，又不照搬苏联的苏维埃政权形式。人民代表大会制度是人民当家作主、行使国家权力的基本途径和方式。这种制度是人类政治制度史上的伟大创造，是深刻总结近代以后中国政治生活惨痛教训得出的基本结论，是中国人民翻身作主、掌握自己命运的必然选择。

宪法确立中华人民共和国的政党制度是中国共产党领导的多党合作和政治协商制度，这是新中国的一项基本政治制度。它是中国人民在人类政

① 《毛泽东文集》第五卷，人民出版社1996年版，第135、136页。

治制度史上的伟大创造，是总结近代以后中国政治生活惨痛教训得出的深刻结论，是中国人民翻身作主、掌握自己命运的必然选择。中国共产党在取得解放战争决定性胜利后，没有独霸政权，而是同各民主党派和无党派民主人士一起共商国是，采用政治协商的形式，形成了共同纲领，在此基础上，选举产生了中华人民共和国中央人民政府。这就是说，中国共产党的执政地位是在协商民主与选举票决民主相结合的基础上确定的。这就是中国共产党执政的合法性来源①。

宪法确立中华人民共和国是统一的多民族国家为在单一制体制中实行民族区域自治制度。民族区域自治制度是我国的一项基本政治制度，是中国特色解决民族问题的正确道路的重要内容，是党根据中国历史和现实的特点，运用马克思主义民族理论解决中国民族问题的一项重大创造。美国学者分析了新中国实行的民族区域自治制度与苏联的民族政策的不同，认为："新宪法有意识地摆脱了苏联先例的另一个方面是抛弃少数民族区域可以分离的假设。中华人民共和国被宣布为一个'统一的多民族国家'，少数民族自治区是国家领土的不可分割的部分。"②

新中国成立后，党和政府领导人民进行了各项民主改革和社会事业建设。土地改革的基本完成，是近代以来中国人民反封建斗争的一个历史性胜利，中国农民真正翻身作了主人。在国营工矿交通企业开展民主改革，调动了广大工人当家作主、发展生产的积极性。改革封建婚姻制度，取缔卖淫嫖娼等丑恶现象，广大妇女从封建婚姻制度的束缚中获得解放，社会地位有了很大提高。革命的洪流荡涤着旧社会的污泥浊水，中国的社会面貌、社会风气有了极大变化。

---

① 李君如：《你了解中国共产党吗？》，外文出版社2011年版，第104页。

② 〔美〕R.麦克法夸尔、费正清编：《剑桥中华人民共和国史（1949—1965）》，中国社会科学出版社1990年版，第94页。

（八）最深刻最广泛的社会变革激发人民热情

新中国成立后，党面临的最大课题已不是如何夺取革命战争的胜利，而是如何恢复和发展国民经济。

中国共产党接手政权时，在一些资本家中间流传着这样一种说法：共产党“军事内行，经济外行”；他们打仗得100分，搞政治得80分，但经济只能得0分。这种担心不是没有道理，治理5亿人口的大国，非常不易。一些投机资本家兴风作浪，妄图用“银圆之战”“米棉之战”等卑劣手段搞资本投机。新生政权面临考验。

党和政府领导了稳定物价和统一全国财经的斗争。打击银圆和外币投机，组织粮食、棉纱、棉布、煤炭的集中调动，收紧银根，平抑物价。没收官僚资本并组建国营经济，制止恶性通货膨胀。合理调整城市工商业，恢复生产经营。贯彻公私兼顾、劳资两利、城乡互助、内外交流的政策，促进整个社会经济发展。

新中国土地改革激发了广大农民的政治热情和生产积极性。根据1950年6月中央人民政府公布实施的《中华人民共和国土地改革法》，土地制度改革运动在新解放区有步骤地展开。到1952年年底，广大新解放区的土地改革基本完成，全国有约3亿无地和少地的农民无偿获得约7亿亩土地和大量生产资料。土地改革从根本上铲除了中国封建制度的根基，大大解放了农村生产力，有力地促进了农业经济的恢复和发展，为新中国逐步实现工业化和现代化奠定了基础。

中国共产党用短短三年时间，就成功恢复国民经济，主要工农业产量均超过历史最高水平，人民生活有了显著提高，文化教育卫生事业有了较大发展。1952年年底，同1949年相比，全国职工平均工资提高了70%，农民收入一般增长30%以上。国民经济结构也发生了深刻变化，国营经济比重上升，重工业比重有所上升，为我国逐步由农业国转变为工业国开了个好头。从世界范围看，与欧洲、亚洲各国在第二次世界大战后经济恢复水平相比，新中国战后经济恢复速度之快、增长幅度之大，是举世瞩目的。

党中央决定从1953年开始，执行我国发展国民经济的第一个五年计划，提出逐步实现国家的社会主义工业化，并逐步实现国家对农业、手工业和资本主义工商业的社会主义改造。

到1956年，社会主义改造基本完成，其中对资本主义工商业改造没有照搬苏联实行的没收政策，而是采取“和平赎买”的方式。这是中国共产党的一个伟大创造，不仅有利于资本家接受改造，而且能够继续发挥私营工商业在扩大生产、维持就业、增加税收等方面的积极作用。1956年，我国社会主义政治制度和经济制度都已建立，中国这个占世界四分之一人口的东方大国进入社会主义，成功实现了中国历史上最深刻最伟大的社会变革，为当代中国一切发展进步奠定了根本政治前提和制度基础。

如何在中国建设社会主义，是我们党执政后面临的一个崭新课题。刚开始，我们学习苏联社会主义建设经验。但实践中，我们党很快发觉苏联模式的局限，认识到苏联社会主义建设过程中的一些缺点和错误，毛泽东提出以苏为鉴，把马列主义基本原理同中国社会主义革命和建设的具体实际“进行第二次结合”，“从各方面考虑如何按照中国的情况办事”，独立探索适合中国国情的社会主义建设道路。针对赫鲁晓夫反对斯大林的秘密报告，毛泽东说：“苏联是第一个搞社会主义，第一个搞无产阶级专政，所以，可以说他们犯错误是不可避免的。中国搞社会主义也可能犯错误，甚至犯大错误。因为要摸清建设社会主义的规律不是容易的事情。路如何走，不容易。我们搞民主革命也是犯了许多错误之后才成功的。建设社会主义同样是这样。要树立错误难免的观点。任务是尽量少犯错误，使主观符合客观，按客观规律办事，反对主观主义，反对教条主义，反对片面性。这样才能避免犯大错误。我们力求不犯大错误。”①

1955年年底至1956年春，《论十大关系》的提出，则是独立探索适合中国国情的社会主义建设道路的良好开始。1956年9月，党的八大的召开，标志着党对中国社会主义建设道路探索取得初步成果。八大提出，我国社会主义改造基本完成后，国内主要矛盾，已经是人民对于经济文化迅速发展的需要同当前经济文化不能满足人民需要的状况之间的矛盾，全国人民的主要任务是集中力量发展社会生产力，实现国家工业化，逐步满足人民日益增长的物质和文化需要。

实践证明，党的八大对我国主要矛盾的判断是正确的，提出的许多新的方针和设想是富于创造精神的。此后，党继续在经济、政治方面进行了卓有成效的探索。1957年2月，毛泽东提出必须正确处理社会主义社会两类不同性质的社会矛盾，把正确处理人民内部矛盾的问题作为国家政治生活的主题，形成了一套系统的关于社会主义社会矛盾的学说，对于党和社会主义事业具有长远的指导意义。

可是后来，由于国际共产主义运动出现大的波折，中苏关系恶化和帝国主义长期敌视、封锁，以及“和平演变”的压力，这样的外部环境对中国共产党在科学判断国内政治形势、确定党和国家中心任务和方针政策时产生极大影响。面对当时严峻复杂的外部环境，党极为关注社会主义政权巩固，为此进行了多方面努力。然而，毛泽东同志在关于社会主义社会阶级斗争的理论和实践上的错误发展得越来越严重，党中央未能及时纠正这些错误。林彪、江青两个反革命集团利用毛泽东同志的错误，进行了大量祸国殃民的罪恶活动，酿成十年内乱，使党、国家、人民遭到新中国成立以来最严重的挫折和损失，教训极其惨痛。1976年10月，中央政治局执行党和人民的意志，毅然粉碎了“四人帮”，结束了“文化大革命”这场灾难。

① 吴冷西：《十年论战（1956—1966）》（上），中央文献出版社1999年版，第15页。

从新中国成立到“文化大革命”结束，是我们党领导人民艰辛探索社会主义革命和建设道路的历史时期。虽然经历严重曲折，但仍然取得巨大成就。1979年3月，邓小平在回顾这段历史时深有感触地说：“社会主义革命已经使我国大大缩短了同发达资本主义国家在经济发展方面的差距。我们尽管犯过一些错误，但我们还是在三十年间取得了旧中国几百年、几千年所没有取得过的进步。”①

我们党领导人民在旧中国“一穷二白”的基础上建立起独立的、比较完整的工业体系和国民经济体系，独立研制出“两弹一星”，实现了从农业国到工业国的飞跃。农田水利建设和农业机械化成就显著，全国大规模治理大河大江，农业生产条件大大改善，农业和农村生产力发展了。科学教育卫生体育有很大发展，人民解放军得到壮大，彻底结束了旧中国的屈辱外交。中国成为联合国安全理事会常任理事国，是在世界上有重要影响的大国。这表明中华民族不仅站起来了，而且站住了。我们实现了“一穷二白”、人口众多的东方大国大步迈进社会主义社会的伟大飞跃，为中华民族复兴奠定了根本的政治前提和制度基础。

二、富起来

新中国成立后，人民安全有了保障，人民民主进程不断深化，民生也得到一定改善，但是人们生活总体还是比较困难。1978年，全国还有2.5亿人口没有解决温饱问题。1957年中国职工年均工资624元，1976年为575元②。据1978年建设部对全国182个大中城市统计，全国城市人均居住面积3.6平方米，182个城市中缺房户689万户，占总户数的35.8%。

---

① 《邓小平文选》第二卷，人民出版社1994年版，第167页。

② 曾培炎主编：《新中国经济50年》，中国计划出版社1999年版，第897–898页。

1978年9月，邓小平在东北三省视察期间指出："社会主义要表现出它的优越性，哪能像现在这样，搞了二十多年还这么穷，那要社会主义干什么？"①

这发人深省的发问，实际上是中央为了增进人民福祉而推进改革发出的强有力信号。党的十一届三中全会以后，以邓小平同志为主要代表的中国共产党人，团结带领全党全国各族人民，深刻总结新中国成立以来正反两方面经验，借鉴世界社会主义历史经验，创立了邓小平理论，作出了把党和国家工作中心转移到经济建设上来、实行改革开放的历史性决策，成功开创了中国特色社会主义。

党的十三届四中全会以后，以江泽民同志为主要代表的中国共产党人，团结带领全党全国各族人民，坚持党的基本理论、基本路线，形成"三个代表"重要思想，在国内外形势十分复杂、世界社会主义出现严重曲折的严峻考验面前捍卫了中国特色社会主义，成功把中国特色社会主义推向二十一世纪。

党的十六大以后，以胡锦涛同志为主要代表的中国共产党人，团结带领全党全国各族人民，在全面建设小康社会进程中推进实践创新、理论创新、制度创新，形成了科学发展观，抓住重要战略机遇期，聚精会神搞建设，一心一意谋发展，成功在新形势下坚持和发展了中国特色社会主义。

改革开放和社会主义现代化建设新时期最鲜明的特征是改革开放。改革开放是一场新的伟大革命。这场伟大革命从农村经济改革到城市经济改革、从建立经济特区到加入世贸总协定，从经济体制改革到政治体制、教育体制、科技体制、文化体制、社会体制等各领域体制改革，推进党的建设制度改革，不断形成和发展符合当代中国国情、充满生机活力的体制机

① 《邓小平文选》第二卷，人民出版社1994年版，第130页。

制，中国特色社会主义制度充满生机和活力。

从那时起，经过党的十二大、十三大、十四大、十五大、十六大、十七大，一直到2012年10月党的十八大召开，这场新的伟大革命，冲破了一个又一个体制的束缚，调动了亿万人民的积极性、创造性，我国社会生产力迅速发展，经济总量跃居世界第二；人民生活水平明显改善，总体奔向全面小康；中华民族奋力赶上时代，真正富起来了。

（一）世界格局的新变化和科学技术革命的新趋势

在20世纪70年代后期，中国面临的国际环境发生新变化。1978年8月，中国同日本签订《中华人民共和国和日本国和平友好条约》；12月，同美国发表正式建交的联合公报。党中央外交政策进行重大调整，实行两个重大转变。第一个转变是改变战争不可避免而且迫在眉睫的观点，对战争与和平问题作出新的科学判断。那时有资格打世界大战的只有苏联和美国，但苏联国内经济社会问题和党的建设问题繁复，全球战略部署也没有展开。美国在东南亚失败后，全球战略处于防守状态，也没有准备好打世界大战。所以，1985年3月，邓小平提出“和平和发展是当代世界的两大问题”的重要论断。1987年10月召开的党的十三大提出：“和平与发展是当代世界的主题。”第二个转变是改变“一条线”战略。过去一段时间，针对苏联霸权主义的威胁，我们搞了“一条线”战略，就是从日本到欧洲一直到美国这样的“一条线”。中国改善了同美国的关系，也改善了同苏联的关系。在此背景下，我们党科学把握世界形势的新变化，为全党工作重点从以阶级斗争为纲转移到以经济建设为中心上来的伟大历史转折提供了重要依据；才有把军队工作从立足于“早打、大打、打核战争”的临战状态转入和平建设轨道上来的军队建设指导思想的战略性转变；才作出军队要服从国家经济建设大局，减少军队员额100万的决策，以进一步增强军队在现代条件下的作战能力。

在20世纪70年代后期，科技进步日新月异，世界经济正在快速发展，世界现代化的进程加快进行。原子能、航天技术、信息技术迅速发展，催生了核工业、计算机、航空航天、新材料应用等新兴产业的巨大进步，通过引领第三次技术革命，美国进一步巩固了科学技术领域的全球领先地位，强化了其世界霸权的根基。美国、欧洲、日本在新科技革命推动下经济快速发展。中国与世界经济发展差距进一步拉大。1978年10月，邓小平访问日本期间，实地考察了日本具有国际水平的现代化企业、高技术设施。在乘坐新干线超特快列车的时候，还意味深长地谈了“就是感觉快，有催人跑的意思”。同时，国务院组织一些部门负责人和各省区市负责人出国考察调研。其中，规模最大、影响也最大的是1978年5月国务院副总理谷牧率领的中国政府代表团对法国、瑞士、比利时、丹麦、联邦德国五国的访问。整个考察活动持续一个多月，这在新中国的历史上是第一次。这些国家之所以能够在一二十年内实现经济现代化，科学技术起了关键作用，科学技术是第一生产力，实现现代化的关键是科学技术要上去。而我国的科学技术是落后的，党内由于过去“左”的错误影响，还存在对科技教育工作者和知识分子的错误认识。所以，邓小平复出后自告奋勇抓科技、教育，1977年恢复高考，1978年全国科学大会召开，尊重知识、尊重人才开始在全社会蔚然成风。

世界形势发展的新变化、科学技术的新革命，国内经济发展与发达国家差距拉大，人民生活困难，于是在相当一部分人特别是年轻人中，就产生了社会主义不如资本主义的错误认知，在一些高等学校出现资产阶级自由化思潮。这样，什么是社会主义、怎样建设社会主义问题，更加急迫地摆到中国共产党的面前。

（二）新的伟大革命目的是增进人民福祉

粉碎“四人帮”，举国欢腾。然而，当时的中国面临三种选择。

一是有的人受到个人崇拜的影响，要求坚持“两个凡是”，让中国继续走以阶级斗争为纲的封闭僵化的老路；二是有的人看到西方经济、技术发展快，人民生活好，要求坚持搞全盘西化，让中国走资本主义改旗易帜的邪路；三是有的人坚持解放思想，实事求是，要求坚持改革开放，闯出一条有中国特色的社会主义新路。

在这样重大的历史关头，邓小平带领全党作出历史性的重大抉择。

中国不能再走以阶级斗争为纲的封闭僵化老路。要把毛泽东思想和毛泽东晚年错误区别开来，要世世代代高举毛泽东思想伟大旗帜，完整准确理解毛泽东思想体系。“两个凡是”不符合马克思主义、不符合毛泽东思想。“文化大革命”实践证明，贫穷、发展太慢、平均主义、没有民主、没有法制，都不是社会主义。中国已经处于并将长期处于社会主义初级阶段，这个阶段的主要矛盾是人民日益增长的物质文化需要同落后的社会生产力之间的矛盾。因此，中国社会主义的根本任务是坚持改革开放，坚持发展生产力，中国不能走过去那样的封闭僵化老路。

中国绝不能走资本主义的邪路。如果中国不坚持四项基本原则，实行全盘西化，必然退回到半殖民地半封建社会，成为资本主义国家的附庸。这是近代中国百年历史证明了的，中国人民绝不允许开历史倒车。现在中国在经济、技术、管理、文化等方面还不如有的发达资本主义国家，从根本上说，这是旧社会帝国主义和封建主义压迫造成的。新中国尽管犯过一些错误，但用自己的力量纠正了错误，三十年已经使我国大大缩短了同发达资本主义国家在经济发展方面的差距。社会主义经济是以公有制为基础的，生产是为了最大限度地满足人民的物质、文化需要，最终实现共同富裕。资本主义实行私有制，摆脱不了剥削和掠夺，摆脱不了经济危机，摆脱不了两极分化。中国若搞资本主义，必然产生两极分化，两极分化不是社会主义。历史证明，只有社会主义才能救中国，才能发展中国。因此，中国要旗帜鲜明坚持四项基本原则，反对资产阶级自由化，决不能走资本主义的邪路。年轻人要学习中国近代史，学习资本主义国家先进技术和管理经验，批判资本主义国家中反动和腐朽的东西。

1978年5月发表的《实践是检验真理的唯一标准》，在全国范围掀起了一场关于真理标准问题的大讨论，成为正本清源、拨乱反正和改革开放的思想先导。

在党和国家面临何去何从的重大历史关头，1978年12月，党的十一届三中全会在北京召开。改革开放总设计师邓小平在这次中央全会上作了《解放思想，实事求是，团结一致向前看》的主题报告，他尖锐提出："实现四个现代化是一场深刻的伟大的革命。在这场伟大的革命中，我们是在不断地解决新的矛盾中前进的。"①这次全会基于对世界形势和科学技术革命潮流的深刻洞察、基于对人民群众期盼和需要的深刻体悟、基于对社会主义革命和建设实践的深刻总结、基于对党和国家前途命运的深刻把握，作出把全党工作重点从以阶级斗争为纲转移到以经济建设为中心上来的历史性决策，实现了新中国成立以来党的历史上具有深远意义的伟大转折，开启了改革开放和社会主义现代化建设新时期。

经过1982年召开的党的十二大、1987年召开党的十三大，中国共产党带领全国人民开创出中国特色社会主义的新路，开始了一场新的伟大革命。

新时期最鲜明的特征是改革开放。改革开放是中国共产党的一次伟大觉醒和一次伟大革命，正是这个伟大觉醒和伟大革命，孕育了党从理论到实践的伟大创造。

在中国共产党的领导下，新时期新的伟大革命同样是从农村开始的，以包产到户、包干到户为主要形式的家庭联产承包责任制率先取得突破，并向全国推广。这充分激发了广大农民沉寂多年的生产积极性，大大促进

① 《邓小平文选》第二卷，人民出版社1994年版，第152–153页。

了农业生产的快速发展。许多地方农村改革一年即见成效，粮食产量显著提高，几年就变了个大样，人民生活水平得到较大提高。农村改革还带来了乡镇企业的异军突起，一大批农村劳动力从土地上解放出来，从事工业、商业和服务业。到1987年，全国乡镇企业产值达4764亿元，第一次超过农业总产值，拥有几亿人口的中国广阔的农村发生了翻天覆地的变化。广大农村基层干部和群众为改变农村面貌和自身命运，勇敢冲破不利于生产力发展的旧体制，掀起了波澜壮阔的改革大潮，对于其他领域的改革，都产生了深远的影响。建设有中国特色社会主义的伟大实践，就是这样在党和人民群众的伟大创造中，开始一步一步向前推进。

以扩大企业自主权为主要内容的城市经济体制改革逐步在全国推开。在借鉴农村改革中扩大生产和经营自主权经验的基础上，党的十二大后，中国改革逐步向城市全面铺开。1984年10月，党的十二届三中全会通过的《中共中央关于经济体制改革的决定》，提出社会主义经济是“公有制基础上的有计划的商品经济”，提出“所有权同经营权是可以适当分开的”。这是党在计划与市场关系问题上取得的新认识。到1987年，全国80%的国营企业实行了各种形式的承包经营责任制，有的企业还开始尝试股份制改革。不同所有制的多种经济成分得到发展。以公有制为主体、多种经济成分并存的所有制结构的开始形成，开创了发展国民经济、方便人民生活和扩大就业的生机勃勃的新局面。

科学技术体制和教育体制改革相继进行。1985年3月，党中央作出科学技术体制改革的决定，提出经济建设必须依靠科学技术、科学技术工作必须面向经济建设的战略方针。广大科技工作者的积极性得到极大的激发。1985年5月，党中央作出关于教育体制改革的决定，提出教育体制改革的目的是提高民族素质，多出人才、出好人才。教育体制改革激发了地方和社会办教育的积极性，适应一体化建设需要的各类人才不断涌现。

党中央对党和国家领导体制改革采取了一系列举措。改革党和国家领导制度，着力解决党政职责不清等问题，精简机构等。社会主义民主法制建设、社会主义精神文明建设和党的建设不断推进。

体制的改革和开放的扩大，促进我国经济建设上了一个大台阶，人民生活有了较大改善，抵御风险的能力得到较大增强。1992年年初，邓小平在南方谈话中指出："不坚持社会主义，不改革开放，不发展经济，不改善人民生活，只能是死路一条。"①

（三）在世界社会主义发展低潮中奋起

20世纪80年代末、90年代初发生的东欧剧变、苏联解体，是世纪之交最为严重的国际政治事件。在20世纪中叶第二次世界大战结束以后，形成的美苏两极对峙和冷战的国际格局，到90年代初由于苏东剧变尤其是华沙条约组织解散而终结，国际关系进入大调整时期，冷战结束了，世界开始走向多极化。世界社会主义发展遭受俄国十月革命以来最为严重的挫折和危机，中国共产党的思想理论及其领导的革命又是在十月革命的影响下发展起来的，于是就发生了马克思主义的"历史命运"问题，什么是马克思主义、怎样坚持和发展马克思主义问题，更急迫地摆到中国共产党的面前。

国际上议论纷纷，西方世界经历了"狂欢"，美国学者弗朗西斯·福山写的《历史的终结》名噪一时，"中国崩溃论"不绝于耳。国内也有各种担心、忧虑，有人对社会主义前途缺乏信心，也有人对改革开放产生怀疑，提出姓"资"还是姓"社"的疑问。

东欧剧变的直接原因是各国经济形势不断恶化，生活消费品匮乏和文化生活枯燥。虽然东欧国家在20世纪70—80年代都进行了不同程度的经济改革，但总体效果有限。与西方相比，他们在物质生活上的差距不断扩大，引起这些国家人民的强烈不满。例如，东德与西德经济发展差距拉大。

① 《邓小平文选》第三卷，人民出版社1994年版，第370页。

从1980年开始，波兰经济走下坡路，失业剧增，导致了席卷全国的罢工浪潮，团结工会领导上台。

苏联解体的直接原因也是经济陷入困境，人民生活极端困难。由于苏联领导者决策的严重失误，企图用政治改革促进经济改革，经济建设和社会发展陷入困境，社会主义制度的优越性未能很好地发挥出来，苏联共产党缺少能力发展经济，加上党内特权思想和腐败现象严重，使人民很不满意。

东欧剧变、苏联解体内因是国内经济、政治、文化、社会和党的建设出现严重问题，这是主要因素。外因是美国等西方国家长期以来对社会主义国家推行的“和平演变”。

在党和国家历史发展的紧要关头，在邓小平等老一辈无产阶级革命家支持下，形成了以江泽民同志为核心的党的第三代中央领导集体。1989年5月31日、6月9日、6月16日，邓小平分别同几位中央负责同志谈话，对国内外高度关注的中国未来走向、发展道路等根本问题作出明确回答。他反复强调中国要坚持十一届三中全会以来的路线、方针、政策不动摇，坚持社会主义，坚持改革开放政策。他坚定地指出：“整个帝国主义西方世界企图使社会主义各国都放弃社会主义道路，最终纳入国际垄断资本的统治，纳入资本主义的轨道。现在我们要顶住这股逆流，旗帜要鲜明。”“不走社会主义道路中国就没有前途。”①

1992年初，邓小平视察南方并发表重要谈话，从理论上深刻回答了长期困扰和束缚人们思想的许多重大问题，是继党的十一届三中全会主题报告后，把改革开放和社会主义现代化建设推向新阶段的又一个解放思想、实事求是的宣言书。他指出：“一些国家出现严重曲折，社会主义好像被削弱了，但人民经受锻炼，从中吸取教训，将促使社会主义向着更加健康

① 《邓小平文选》第三卷，人民出版社1994年版，第311页。

的方向发展。因此，不要惊慌失措，不要认为马克思主义就消失了，没用了，失败了。哪有这回事！”[①]

1992年10月召开的党的十四大充分体现了邓小平南方谈话的重要精神，提出20世纪90年代抓住机遇，加快改革开放，推动经济发展和社会全面进步的主要任务，明确了建立社会主义市场经济体制的主要目标，要求用邓小平同志建设有中国特色社会主义理论武装全党、指导工作。

为适应加快建立社会主义市场经济体制的要求，中国开始了国有企业脱困与国有资产管理机制探索，推动国有企业改革进入转换机制、制度创新阶段；实行分税制改革，进一步细化中央与地方的事权和财权划分、税收返还、配套改革等政策，中央财政状况明显改善，为中国经济转型提供了强有力支撑；推行金融体制改革，推动形成统一开放、有序竞争、严格管理的金融市场；建立职工社会保障体系，化解国有企业改革攻坚的困难和风险，也为广大城镇职工生产生活提供了重要保障。

1997年9月召开的党的十五大强调，高举邓小平理论旗帜，在跨世纪的新征途上，用邓小平理论指导党和国家的整个事业和各项工作；制定了党在社会主义初级阶段经济、政治、文化纲领。坚持依法治国方略，保证党始终发挥总揽全局、协调各方的领导核心作用。推行行政管理体制改革，中央政府与地方政府的关系理顺，政府职能有了明显转变。建立公务员制度，建立了有中国特色的、管用的好制度。制定可持续发展战略，促进经济发展同人口资源环境相协调，促进人与自然相和谐。制定科教兴国战略，具有深刻变革意义的科技创新推动了我国经济社会发展。制定西部大开发战略，千年交替之际，一度发展缓慢的中国西部开启了跨越式发展新阶段。

新的历史时期，中国共产党加强党的建设，提出党的建设新的伟大工程。党的十六大把“三个代表”重要思想，作为党的重要指导思想。

---

① 《邓小平文选》第二卷，人民出版社1994年版，第383页。

党的十三届四中全会以来实施的这些重大战略举措，连同党的十六大至党的十八大之前的十年，党中央作出的一系列重大部署，都有力地促进了中国特色社会主义在世界社会主义发展的低潮中奋起，人民生活持续向更好的方向发展。

（四）在经济全球化中加快发展

中国几千年的历史发展证明，开放与封闭关系到国力的强盛和兴衰。从明朝中后期开始，中国逐渐闭关锁国，脱离外部世界联系，中国在与西方的比较中落后了，为此吃尽了苦头，被动挨打。

从20世纪70年代后期开始，世界逐步进入以和平与发展为时代主题的历史新阶段，新科技革命、新产业革命兴起，在经济全球化潮流中，西方发达国家和“亚洲四小龙”等周边一些国家呈现强劲发展势头，但我国社会主义事业却面临巨大的困难和压力。

面对时代大潮和巨大压力，1978年党的十一届三中全会总结历史经验，确立了以经济建设为中心，实行改革开放，开创了一条同经济全球化相联系，独立自主建设中国特色社会主义的道路。

我国对外开放是从创办经济特区开始的。邓小平提出，中央没有钱，可以给一些政策，要“杀出一条血路”。1980年8月，五届全国人大常委会第十次会议批准在深圳、珠海、汕头、厦门设置经济特区。1984年5月，中共中央、国务院决定开放沿海14个港口城市。1985年2月，中共中央、国务院批准3个沿海经济开放区。1988年3月，国务院决定把140个市、县划入沿海经济开放区；4月，七届全国人大一次会议批准设立海南省和建立海南经济特区。这一系列举措，体现了党中央加快改革开放的魄力和决心。对外开放成为我国经济社会发展的重要推动力，是我国一项长期坚持的基本国策。

1989年5月31日，邓小平提出要扎扎实实做几件事情向人民作出交代，其中一件事情就是“要再造几个‘香港’，就是说我们要开放，不能收，要比过去更开放。不开放就发展不起来”[①]。

20世纪90年代，面对国际风云变幻，面对西方对中国的制裁，党中央继续坚持高举改革开放大旗，进一步加快开放型经济发展。至2000年后，中国对外开放由南到北、由东到西层次推进，基本形成了“经济特区—沿海开放城市—沿海开发经济带—沿江和内陆开放城市—沿边开放城市”这样一个全方位、多层次、宽领域、有重点、点线面结合的对外开放格局。

加入世界贸易组织，使中国经济和国际经济体系、国际组织接轨，在参与经济全球化过程中加快发展。2001年11月10日，世贸组织第四届部长会议通过了关于中国加入世界贸易组织的决定。12月11日，中国正式成为世贸组织第143名成员，从而结束了从1986年7月我国政府就提出申请恢复我国关贸总协定缔约国地位与各缔约方开始的长达15年的艰苦谈判。加入世贸组织，中国经济进一步融入全球化进程、分享全球化成果，获得了更为广阔的空间，有力地推动了对外开放和社会主义市场经济的发展，为世界经济的繁荣作出了积极贡献。

在改革开放的伟大进程中，小康社会建设取得丰硕成果，人们日子越过越红火。衣食住行开始变化，时尚衣着已不再是百姓难以企及的，美食不再是逢年过节才能享受，住房条件改善不再不敢想象，出门坐火车、飞机不再罕见。人们梦寐以求的自行车、缝纫机、手表、收音机传统的“四大件”，已逐步过渡到彩电、洗衣机、电冰箱、音响新的“四大件”。各种商品丰富，我国消费品市场从卖方市场转向买方市场，居民消费方式发生了根本转变。世纪之交，我国人民生活总体上实现了由温饱不足到总体小康的历史性跨越。

---

① 《邓小平文选》第三卷，人民出版社1994年版，第297页。

2002年11月召开的党的十六大，从经济、政治、文化等方面，勾画了全面建设小康社会的宏伟蓝图，回答了关系党和国家长远发展的一系列重大理论和实践问题，对改革开放和社会主义现代化建设各方面工作作出了全面规划和部署。

党中央不失时机地推出改革开放、加强和改善宏观调控。党的十六届三中全会通过了《中共中央关于完善社会主义市场经济体制若干问题的决定》，就完善社会主义市场经济体制作出一系列部署。健全现代市场体系，促进我国市场体系朝着统一开放、竞争有序的方向发展。巩固和发展国有经济制度建设，大力发展和积极引导非公有制经济发展。进一步深化财政管理体制改革、税收体制改革、金融体制改革，推进资本市场的改革和发展，不断扩大对外开放，加快转变经济发展方式。

党中央统筹城乡发展，出台系列强农惠农富农政策，以工业反哺农业和城乡一体化为内核的新“三农”政策体系逐步确立，社会主义新农村建设取得举世瞩目的成就。2007年10月起实施的《中华人民共和国物权法》将土地承包经营权界定为用益物权，从法律上明确了土地承包经营权的财产性质，赋予农民更加充分而有保障的土地承包经营权。2008年6月，党中央、国务院发布《关于全面推进集体林权制度改革的意见》，集体林权制度改革开始全面展开。党的十六大之后的十年间，“三农”投入逐年增长，坚持加强和保护农业，提高农业生产能力，改善农民生活条件，增加农民收入。2006年1月1日起，废止征收农业税，减轻农民负担，在中国有2600多年历史的农业税正式退出历史舞台。

统筹区域协调发展，先后作出振兴东北老工业基地、促进中部地区崛起、鼓励东部地区率先发展等重大决策部署，布局和推动我国区域更加协调发展。

天下和，民心安。适应新时期党和国家继续深化改革开放的新要求，党的十六届五中全会审议通过《中共中央关于构建社会主义和谐社会若干重大问题的决定》，提出了和谐社会的目标和主要任务，使中国特色社会主义事业总体布局由经济建设、政治建设、文化建设“三位一体”，发展成为“四位一体”，丰富了改革开放和社会主义现代化建设内涵。教育公平是社会公平的重要基础。2006年修订的《中华人民共和国义务教育法》规定“实施义务教育，不收学费、杂费”，标志着国家从法律层面确立义务教育经费保障机制。人民群众高兴地说，“种田不纳税，上学不缴费，农民得实惠，和谐好社会”。

建设和健全覆盖全国的公共卫生和疾病防控体系，人民群众健康权益得到保障。积极推进医疗卫生体制改革，切实缓解“看病难”“看病贵”问题。加强公共卫生体系建设，城乡居民受到更加均等的基本公共卫生服务，国民健康指标持续改善。“十一五”期间，中国人均预期寿命从72岁提升至73岁，总体处于发展中国家前列。

民生无小事，枝叶总关情。进入21世纪以来，中国城镇化不断发展，劳动力和居民在城乡之间流动规模扩大、速度加快，党中央在社会保障制度建设方面作出一系列重大部署。至2012年，新型农村合作医疗、城镇居民基本医疗保险、城镇职工基本医疗保险3项基本医疗保险制度参保覆盖率超95%，参加人数超过13亿人。从“小病靠扛，大病看天”，到社会保障全覆盖，中国正向着人人享有社会保障的目标迈进。

进入改革开放和社会主义现代化建设新时期30多年，中国共产党带领全国人民坚持社会主义、坚持改革开放、坚持发展经济、坚持改善人民生活。我国社会生产力得到大的发展、人民生活明显提高，综合国力显著增强，全面建设小康社会取得重大进展。2010年，我国国内生产总值达40.15万亿元，首超日本，跃升至世界第二位；2012年，我国人均国内生产总值达39771元，世界排名大幅提高[①]。经济社会各项小康社会指标都取

① 《改革开放简史》，人民出版社、中国社会科学出版社2021年版，第156–157页。

得重要进展，在新形势下坚持和发展了中国特色社会主义，展现了风景这边独好的良好态势，成功抵御国内政治风波的冲击，抵御苏联解体、东欧剧变带来的冲击，抵御亚洲金融危机和2008年世界金融危机，推进了中华民族从站起来到富起来的伟大飞跃。

三、强起来

中国特色社会主义进入新时代，以习近平同志为主要代表的中国共产党人，牢牢把握世界百年未有之大变局，统筹推进“五位一体”总体布局，有步骤地实施“四个全面”战略布局，抓住机遇，迎难而上，攻坚克难，接续奋斗，实现了全面建成小康社会这个中华民族的千年梦想，全面深化改革整体推进和重点突破取得重大胜利，全面依法治国迈出坚实步伐，全面从严治党深得党心、民心、军心，特别是历史性地解决了绝对贫困问题，使中国人民从国际的比较中更加自信自强。新时代十年伟大变革，中华民族迎来了从站起来、富起来到强起来的伟大飞跃。

（一）世界百年未有之大变局进入加速演变期

进入21世纪，国际格局和国际体系正在发生深刻调整，国际力量对比正在发生近代以来最具革命性变革。发达国家和发展中国家在国际分工体系中的地位发生重大转变，以美国为代表的西方国家是20世纪全球经济中心，近年来经济增长乏力，贫富差距不断扩大，政治极化、民粹主义、族群撕裂等乱象纷纷。究其主要原因是，西方国家殖民红利、资本红利、科技红利等不断衰减，资本主义制度缺陷日益突出、基本矛盾日益尖锐。新兴经济体和发展中国家在世界经济中占据越来越大的份额，世界经济重心呈现“东升西降”的鲜明反差。据世界银行统计，2000年到2019年，以美国等西方国家为主的高收入国家的国内生产总值占全球比重从82.25%

下降到62.77%，中国和印度这两个传统东方国家的占比则从5%上升到19.33%。近年来，新兴市场国家和发展中国家占全球经济总量的比重已接近40%，对世界经济增长的贡献率已经达到80%，成为全球经济增长的主要动力①。经济基础决定上层建筑，世界经济重心逐渐向东方转移，推动着全球治理体系正在发生深刻变革，西方垄断国际事务的局面难以为继，新兴市场国家和发展中国家的国际地位和话语权不断提升。

在世界大变局中，中国经济持续健康发展，中华民族伟大复兴进入了不可逆转的历史进程。中国对世界经济增长的贡献率持续多年保持在30%左右②。中国经济总量稳居世界第二位，谷物总产量稳居世界首位，制造业规模稳居世界第一。建成世界最大的高速铁路网、高速公路网。中国创造了经济快速发展和社会长期稳定“两大奇迹”，中国日益走向世界舞台中央，中国特色社会主义展现出旺盛生机活力。

中国历来高举和平发展旗帜，反对霸权主义，主张世界多极化，始终站在世界最广大人民的一边。随着中国国力的增强，美国对中国的遏制和打压增加了，特别是从特朗普开始，美国加大力度公开打压中国、遏制中国。拜登更是拉着西方那些所谓民主国家结盟疯狂“围剿”中国，开逆全球化的历史倒车。这种损人不利己的行径，已经造成欧洲等西方国家经济重大损失，美国价值观在国际社会的地位一落千丈，对中国的所谓封锁不攻自破；令美国通货膨胀、物价上涨，国民生活水准下降。以美国为首的西方国家炮制的东西方之间的新“铁幕”、新“冷战”，已经并将继续对世界经济政治格局带来消极影响。

“得道多助，失道寡助。”2022年11月14日至19日，国家主席习近平

① 《〈中共中央关于制定国民经济和社会发展第十四个五年规划和二〇三五年远景目标的建议〉辅导读本》，人民出版社2020年版，第153页。

② 中共中央宣传部理论局编：《中国制度面对面——理论热点面对面·2020》，学习出版社、人民出版社2020年版，第220-221页。

在出席印度尼西亚巴厘岛出席二十国集团（G20）领导人第十七次峰会和泰国曼谷亚太经合组织（APEC）第二十九次领导人非正式会议期间，许多国家元首和政要都期盼同习近平主席面对面会晤交流。这充分证明，国际上越来越多的人认为，中国的发展是世界和平和进步力量的增长，中国是值得信任的朋友和伙伴，冷战思维和阵营对抗不得人心、没有出路、没有市场。

美国等西方国家却不甘心和坐视主导地位的丧失，必然继续不择手段打压中国。无论国际风云如何变幻，中国作为一个负责任的大国，会根据事情的是非曲直独立自主地作出判断，中国人民有志气、骨气、底气，不怕鬼、不信邪、不怕压，一定会努力抓住历史机遇，积极应对风险挑战，引领世界大变局朝着有利于中华民族伟大复兴、有利于人类和平与进步的方向发展。

（二）战略布局稳步推进

党的十八大报告把中国特色社会主义事业总体布局从经济建设、政治建设、文化建设、社会建设“四位一体”，扩展为包括生态文明建设在内的“五位一体”。这表明我们党顺应历史大势、顺应人民需求，不断与时俱进地深化对中国特色社会主义建设规律的认识。特别是重视生态文明建设，表明我们党既重视当代人的利益，又将给自然留下更多美景，给农业留下更多良田，给子孙后代留下天蓝、地绿、水净的美好家园，是利在当代、功在千秋的战略措施。

统筹推进“五位一体”总体布局的同时，“四个全面”战略布局逐步形成、协调推进。党的十八大明确提出全面建成小康社会的奋斗目标。十八届三中全会提出全面深化改革的战略部署。十八届四中全会明确了全面依法治国的战略任务。十八届五中全会、六中全会分别就全面建成小康社会、全面从严治党进行专题研究，完成了“四个全面”战略布局的顶层设计。2020年，全面建成小康社会如期实现，党的二十大开启了全面建设社会主义现代化国家的征程。“四个全面”相辅相成、相互促进、相得益彰，是我们党治国理政方略的崭新创造，是坚持和发展中国特色社会主义的重大举措。

党的二十大报告提出实现中华民族伟大复兴的中国梦，要以中国式现代化推进中华民族伟大复兴，统揽伟大斗争、伟大工程、伟大事业、伟大梦想，明确“五位一体”总体布局和“四个全面”战略布局，把这些概括为中国共产党对新时代党和国家事业发展作出的科学完整的战略部署。下面，重点对“四个全面”战略布局进行分析。

全面建成小康社会是全国人民看得见、摸得着、感受得到的新目标，是实现中华民族伟大复兴中国梦的关键一步。生活小康，是中华民族自古以来追求的理想社会。改革开放初期，邓小平出访美国、日本、新加坡等发达国家后，目睹西方现代化的发展，对照中国底子薄、人口多、耕地少的特点，1979年3月首次提出中国式的现代化道路。1979年12月，他同日本前首相大平正芳谈话时，谨慎又乐观地用小康这个中华民族传统的理想社会，来展现中国式现代化目标，提出到20世纪末“在中国建立一个小康社会”的奋斗目标，即国内生产总值人均1000美元。邓小平最初提出1000美元是按人均翻两番计算的。当时我国人均国内生产总值是250美元左右。翻两番即1000美元。

1982年9月召开的党的十二大确立了翻两番目标，这就是到80年代末实现翻一番基本解决温饱、到20世纪末再翻一番进入小康社会。1987年4月30日，邓小平会见西班牙副首相格拉时，第一次提出了三步走发展战略的设想，即人均国内生产总值在20世纪最后20年实现翻两番的基础上，第三步是在下世纪用30年到50年再翻两番。1987年10月召开的党的十三大根据邓小平关于我国现代化战略思想，正式提出三步走的发展战略。

在全党全国人民共同努力下，1995年就提前实现了国内生产总值人均翻两番目标。在此基础上，2002年11月召开的十六大提出21世纪前20年“全面建设小康社会”奋斗目标。2012年11月，党的十八大则进一步提出“全面建成小康社会”的奋斗目标。从“全面建设小康社会”到“全面建成小康社会”，一字之变，表明中华民族伟大复兴的阶段性目标往前移。2017年10月召开的十九大发出“决胜全面建成小康社会”的动员令。

改革开放以来我国经济成就举世瞩目，创造了经济快速发展的奇迹。同时，受多种因素影响，我国经济结构性体制性矛盾不断积累，发展不平衡、不协调、不可持续问题突出，新出现的突出矛盾和问题也亟待解决。党的十八大以来，为适应“三期叠加”导致的经济发展新常态，我们党就如何促进经济社会发展提出了许多重大理论和理念，其中最重要的是新发展理念。新发展理念的提出与落实，从供给侧结构性改革到创新驱动等一系列举措，真正推动了经济社会健康、可持续的发展。十九大时，中央作出重大判断，我国经济已由高速增长阶段转向高质量发展阶段。十九届五中全会时，我们更是把高质量发展拓展至经济社会各领域，不仅局限于经济领域。

2012—2022年，中国经济平均增长6.6%，世界平均增长2.62%，美国平均增长2.9%。2020—2022年，中国经济平均增长4.5%，世界平均增长1.8%，美国平均增长1.6%，欧盟平均增长0.7%，日本平均增长-0.3%。经过全党全国人民的共同努力，我国经济实力大幅跃升，经济结构持续优化，经济发展平衡性、协调性、可持续性明显增强，国内生产总值突破百万亿元大关，人均国内生产总值超过1万美元，国家经济实力、科技实力、综合国力跃上新台阶，我国经济迈上更高质量、更有效率、更加公平、更可持续、更为安全的发展之路。

2021年7月1日，习近平总书记在庆祝中国共产党成立100周年大会上向世界庄严宣告：“经过全党全国各族人民持续奋斗，我们实现了第一个百年奋斗目标，在中华大地上全面建成了小康社会。”这标志着中华民族实现了近代以来从大幅落后到大踏步赶上时代前列的新跨越。

党的二十大站在新的历史起点上，提出中国共产党要团结带领全国各族人民全面建成社会主义现代化强国、实现第二个百年奋斗目标，以中国式现代化全面推进中华民族伟大复兴。

全面深化改革是“四个全面”战略布局中具有突破性和先导性的关键环节，是强信心、暖人心、聚民心之举。1978年12月，党的十一届三中全会召开，实现了新中国成立以来党的历史上具有深远意义的伟大转折，改革开放像浩荡的春潮，涌动神州大地，中国从此发生了翻天覆地的巨变。

2013年11月，党的十八届三中全会召开，吹响了全面深化改革的号角，开启了系统整体设计推进改革的新阶段。当时，我国改革开放走过35个年头，改革进入攻坚期和深水区，暗礁、潜流、漩涡也越来越多，继续推进改革的复杂性、敏感性、联动性前所未有。党的十八届三中全会对全面深化改革作出总部署、总动员，改革开放踏上新征途、迈出新步伐、创造新业绩。

截至2020年年底，习近平总书记亲自主持召开40次中央全面深化改革领导小组会议和17次中央全面深化改革委员会会议，审议通过500多个重要改革文件，推出2000多项改革方案，特别是习近平总书记明确提出，使市场在资源配置中起决定性作用，更好发挥政府作用，抓住了经济体制改革的核心和关键，把社会主义市场经济推进到新的发展水平。经过努力，全面深化改革开放成绩显著，国家治理体系中具有“四梁八柱”性质的改革主体框架已经基本确立，重要领域和关键环节大批改革举措密集出台，攻克了许多长期没有解决的难题，办成了许多事关长远的大事要事。

经济、政治、文化、社会、生态文明体制和党的建设制度改革全面推进，党和国家机构改革、行政管理体制改革、国家安全体制改革、纪律检查体制改革、国防和军队改革等一系列重大改革扎实推进，主要领域基础性制度体系基本形成，为推进国家治理体系和治理能力现代化打下了坚实基础。

全面深化改革，以促进社会公平正义、增进人民福祉为出发点和落脚点，从不同群体、社会各界能够达成共识的环节改起，改革让党同人民群众情连得更深、心贴得更近。人人都是参与者，人人都是受益者。2000多个改革方案，覆盖经济、政治、文化、社会、生态等各个领域，涉及衣、食、住、行、教育、医疗、养老等各个环节。

药价下来了，民生温度上去了；户籍制度改革，彻底解决历史遗留的“黑户”问题；异地就医医保直接结算，减少了群众“跑腿”“垫资”；垃圾分类、清洁取暖、厕所革命等百姓身边麻烦事，房子用来住的和学区房新政、整治课后辅导班乱象……这些百姓遇到的难事，都成为改革的关注点、发力点。浙江办证“最多跑一次”、福建三明综合医改……激发人民群众首创精神，许多地方探索出一系列切实有效的举措。

改革让机会无限拓展，国家的前行成就着个人的梦想。亿万人民全身心地投入改革，群众的感受最深刻、最直接，也最真实，不断增强群众的获得感、幸福感、安全感：幼有所育、学有所教、劳有所得、病有所医、老有所养、住有所居、弱有所扶全面推进，人民生活不断改善。

全面依法治国是全面建设社会主义现代化国家和实现中华民族伟大复兴不可或缺的坚实保障。综观世界历史，国家强盛通常同法治相伴而生。法治兴则国兴，法治强则国强。古巴比伦国王汉谟拉比统一全国法令，制定人类历史上第一部成文法《汉谟拉比法典》，推动古巴比伦王国进入上古两河流域的全盛时代。中国的封建法律由战国至清朝经过两千多年发展，形成了中华法系，其中不乏法律成就社会发展的时期，比如，唐太宗以奉法为治国之要，一部《贞观律》，成就了“贞观之治”。

中国共产党在领导新民主主义革命时期，不断探索适合中国国情的法治道路，在中央苏区、陕甘宁边区等局部地区制定实施了涉及土地、婚姻、劳动、财政等方面的法律。新中国成立后，我们废除旧法统，在《共同纲领》和“五四宪法”的基础上，确立了新中国的宪法制度和立法行政司法体制，初步奠定了社会主义法治的基础。改革开放以来，我们党深刻总结法治建设正反两方面的经验教训，把依法治国确定为党领导人民治理国家的基本方略，推动依法治国取得重大进展。

党的十八大以来，针对法治建设中存在的有法不依、执法不严、司法不公、违法不究以及司法腐败等问题，党中央强调法治兴则国家兴，法治衰则国家乱；明确全面依法治国是中国特色社会主义的本质要求和重要保障；着力加强法治文化建设，在全社会培养和树立社会主义法治精神、法治信仰；坚持法治建设为了人民、依靠人民，用法治保障人民安居乐业。2014年10月，党的十八届四中全会对全面依法治国作出顶层设计和战略部署，提出了建设中国特色社会主义法治体系、建设社会主义法治国家这一全面推进依法治国的总目标。通过宪法修正案，制定修改民法典、立法法等重要法律，加快完善中国特色社会主义法律体系；深化司法体制改革，严厉惩治司法腐败，努力让人民群众在每一个司法案件中感受到公平正义，让公平正义的阳光照耀人民心田。习近平总书记强调，要懂得“100-1=0”的道理，一个错案的负面影响足以摧毁99个公正裁判积累起来的良好形象。自2013年至2017年，最高人民法院直接提审或监督指导全国法院通过审判监督程序纠正重大刑事冤假错案共计34起，涉及54人。最高检在办理扫黑除恶“保护伞”案件中严格把关、实事求是，强调“是黑恶犯罪一个不放过，不是黑恶犯罪一个不凑数”。经过努力，中国特色社会主义法治体系不断健全，法治中国建设迈出坚实步伐，党运用法治方式领导和治理国家的能力显著增强。

以习近平同志为核心的党中央创造性提出一系列全面依法治国新理念新思想新战略，形成习近平法治思想，深刻回答了新时代为什么实行全面依法治国、怎样实行全面依法治国等一系列重大问题，指导推动我国社会主义法治建设取得历史性成就、发生历史性变革，为中华民族伟大复兴筑牢坚实法治基础，使全面依法治国深深扎根于人民群众的创造实践中。

全面从严治党是获得党心、民心、军心的重大举措，是协调推进“四个全面”战略布局的根本保证。对一个长期执政的党来说，要解决好自己监督自己、自己革自己的命的问题不是件容易的事。改革开放以后，我们党坚持党要管党、从严治党，推进党的建设取得明显成效。同时，由于一度出现管党不力、治党不严问题，一些党内突出问题没有得到及时有效解决。特别是“四大考验”“四种危险”“七个有之”等问题，严重影响了党的形象和威信，严重损害了党群干群关系，严重损害了党的执政基础。

党的十八大以来，习近平总书记鲜明指出，打铁必须自身硬，果断作出全面从严治党战略部署，以改进党的作风为切入口，牢牢抓住政治建设这个党的根本性建设，坚决改变管党治党宽松软状况，推进正风肃纪、反腐惩恶，全面从严治党成效显著。

持之以恒纠正“四风”，党风政风民风焕然一新。2012年12月4日，中共中央政治局会议审议了关于改进工作作风、密切联系群众的八项规定。中央政治局以上率下、以小见大，从作风建设小切口突破，坚持抓常、抓细、抓长，打开了全面从严治党新局面。深入开展党的群众路线教育实践活动、“三严三实”专题教育、“两学一做”学习教育、“不忘初心、牢记使命”主题教育、党史学习教育、学习贯彻习近平新时代中国特色社会主义思想主题教育等，加强对广大党员、干部理想信念和宗旨观念引导，全面筑牢拒腐防变的思想防线，使“四风”问题得到有力纠正，领导干部先锋模范作用更加明显，党内教育也从“关键少数”向基层广大党员拓展、从集中性教育向经常性教育延伸。舌尖上浪费、会所里歪风、车轮上铺张、节日中腐败、公款旅游等歪风邪气刹住了。

创新体制机制和制度，扎牢制度笼子。各项改革举措频频出台，靠制度管党治党走上新征途，由失之于宽、松、软，向严、紧、硬转变，制度建设与时俱进。《中国共产党廉洁自律准则》《中国共产党纪律处分条例》《中国共产党问责条例》《关于新形势下党内政治生活的若干准则》《中国共产党党内监督条例》等党内重要法规，把纪律挺起来，坚持纪严于法、纪在法前；把责任扛在肩上，有责必问、问责必严。深化预算管理制度改革、行政审批制度改革，完善差旅费管理等改革，减少了腐败现象生存的空间和土壤。《中国共产党巡视工作条例》《关于加强中央纪委派驻机构建设的意见》等党内条例，让利剑高悬、震慑常在、不留死角。新修订的《党政领导干部选拔任用工作条例》《推进领导干部能上能下若干规定（试行）》等党内条例，营造了风清气正的选人用人环境。坚定不移健全党和国家监督体系，深化党的纪律检查体制改革、国家监察体制改革，实现党内监督全覆盖、对公职人员监督全覆盖，落实从严治党责任制。通过加大改革力度，减少了体制机制缺陷和制度漏洞，把权力关进制度的笼子，不敢腐、不能腐和不想腐的政治氛围和体制机制正在形成。

严惩腐败分子，坚决清除党肌体上的"毒瘤"。党的十八大以来，党中央以猛药去疴、重典治乱的决心，以刮骨疗毒、壮士断腕的勇气，打虎生威，拍蝇显力。习近平总书记以对党、对国家、对人民的强烈责任感和大无畏的担当精神，"得罪千百人，不负十四亿"，坚持不敢腐、不能腐、不想腐一体推进，坚持无禁区、全覆盖、零容忍，坚定不移"打虎""拍蝇""猎狐"。2022年10月17日下午，党的二十大新闻中心举行记者招待会，中央纪委副书记、国家监委副主任肖培介绍，党的十八大以来，立案审查中管干部553人，处分厅局级干部2.5万多人，县处级干部18.2万多人，反腐败斗争取得压倒性胜利并全面巩固[①]。

这场中国共产党历史上、新中国历史上空前的反腐斗争，也让我们国家避免了走拉美国家那种因为腐败、因为阶层分化导致发展瓶颈、发展陷阱甚至让社会陷入动乱的悲剧和覆辙。深入了解这场反腐败斗争，就会知

---

① 《党的十八大以来全国纪检监察机关立案审查调查中管干部553人》，人民网2022年10月17日，http://cpc.people.com.cn/20th/nl/2022/1017/c448342-32546831.html。

道“反腐败挽救了党挽救了国家”这句话是非常准确的。著名作家二月河说，读遍二十四史，都没有现在这么强的反腐败力度。

经过坚决斗争，全面从严治党的政治引领和政治保障作用充分发挥，反腐败斗争取得压倒性胜利并全面巩固，消除了党、国家、军队内部存在的严重隐患，党找到了自我革命这一跳出治乱兴衰历史周期率的第二个答案，确保党永远不变质、不变色、不变味。人民群众最痛恨腐败，腐败问题对党的执政基础破坏力最大、杀伤力最大，反腐败斗争关系民心这个最大的政治。老百姓从新时代反腐败中看到了党的新气象。2020年年底，国家统计局有关调查显示，95.8%的群众对全面从严治党、遏制腐败充满信心，比2012年提高了16.5个百分点。这样的民心，是对全面从严治党成绩最真实的检验。

（三）减贫奇迹的世界贡献

消除贫困是人类共同理想，也是世界难题。古往今来，治国安邦的一件大事就是致力于解决贫困问题，但真正能解决好贫困问题的国家却很少。

远的不说，就说近代以来，英国、法国、德国、美国等西方国家率先完成工业化、现代化，率先整体富裕，但社会贫困问题并未随着物质财富的急剧增长而得到解决，贫富分化问题依然十分严重。以美国这个号称世界第一强国为例，联合国极端贫困与人权问题特别报告员菲利普·奥尔斯顿在2018年发表的访美报告中指出，美国约有4000万人生活在贫困中，1850万人生活在极端贫困中，超过500万人的生活状态同第三世界绝对贫困人群相当[①]。美国实行生产资料私有制、奉行以资本为中心，美国政党代

① 中国人权研究会：《贫富分化导致美国人权问题日益严重》，《人民日报》2020年7月15日，第8版。

表的是部分利益集团、部分阶层的利益，代表的是军工复合体、华尔街的利益。贫富分化、弱肉强食、丛林法则，是资本主义永远改不了的本性。加上20世纪70年代以来，美国收入分配两极分化，中产阶级规模持续萎缩；制造业转移国外，低收入群体贫困率居高不下。

广大发展中国家贫困问题更加严重。看看非洲、印度等发展中国家，由于底子薄、经济基础差、生态环境恶劣、人口增长过快、产业结构单一，加上债务负担重、基础设施差、贸易不公、制度缺陷、领导能力弱、腐败严重、民众素质低等因素影响，贫困人口呈上升趋势。根据联合国人居署《2016年世界城市状况报告》，发展中国家贫民窟居民数量一直在上升，1990年约为6.9亿，2014年达到8.8亿[①]。

几千年来，中国人民始终为摆脱贫困上下探索，但之前始终没有改变贫困的命运，即使一些封建盛世也仍然是“饥饿的盛世”。旧中国贫困规模巨大、贫困分布广泛、贫困程度深厚世所罕见。

1921年7月1日，中国共产党自成立之日起，就把为中国人民谋幸福、为中华民族谋复兴作为初心使命，进行了艰苦卓绝的斗争。革命时期，领导人民进行打土豪、分田地，进行土地革命，实行“耕者有其田”，给人民看得见的物质利益，让人民相信党，跟党走。

新中国成立后，中国共产党在全国开展轰轰烈烈的土地改革，掀起农村社会主义合作化热潮、兴修农田水利建设、加快工业化建设、加强教育医疗卫生体育事业，最终建立社会主义制度，农民生产条件大为改善，工人生活质量有大幅提高。

改革开放以来，在党中央领导下，我国政府有计划、有组织地进行大规模的扶贫开发。强调摆脱贫穷和共同富裕是社会主义的本质要求。农村经济改革的实行，大大促进了农业生产发展，大幅度缓解了农村贫困现

① 《对人类具有重大意义的伟业》,《人民日报》2021年2月23日，第9版。

象。1986年起，我国政府成立了专门扶贫机构，安排专项资金，确定了扶贫方针和政策，加大对口扶贫力度。从1994年起，我国先后实施《国家八七扶贫攻坚计划（1994—2000年）》《中国农村扶贫开发纲要（2001—2010年）》等，使贫困人口大幅减少，贫困人口生活水平显著提高。

党的十八大以来，以习近平同志为核心的党中央把脱贫攻坚纳入“五位一体”总体布局和“四个全面”战略布局，摆在治国理政的突出位置，开展了规模宏大的脱贫攻坚人民战争。习近平总书记多次主持召开中央扶贫工作会，经常深入贫困地区调研扶贫工作。建立脱贫攻坚责任、政策、组织、投入、动员、监督和考核等制度体系，为顺利打赢脱贫攻坚战提供制度支撑。坚持创新消除贫困方式办法，发挥贫困群众主体作用，激发内生动力。

2021年2月25日，习近平总书记在全国脱贫攻坚表彰大会上庄严宣告：我国脱贫攻坚取得了全面胜利，现行标准下9899万农村贫困人口全部脱贫，832个贫困县全部摘帽，12.8万个贫困村全部出列，大约1000万人易地搬迁脱贫，历史性解决困扰中华民族几千年的绝对贫困问题，创造了人类减贫史上的伟大奇迹，为其他国家选择适合自己的减贫发展道路提供了参考和借鉴。

中国共产党扶贫事业的伟大受到国际社会盛赞，“没有其他任何国家能如此迅速完成这样一项影响深远的事业”“中国的减贫经验是一座宝库”“中国在全球减贫方面起了火车头的作用”。

（四）中华民族迎来强起来的伟大飞跃

中华民族有着悠久的历史和文化传统，也曾有过文明的辉煌时刻，但中华民族在近代落伍了。中国共产党成立后，中华民族才改变了历史发展的方向。基辛格是这样评价中国的：中国在过去200年的确是经历过黑暗岁月，但是这些时光相对中国漫长的历史而言，根本不足一提。毫无疑问，他们很快就会回到他们原来的位置上。中国共产党成立100多年来、中华人民共和国成立70多年来、改革开放40多年来，中国共产党始终坚持不忘初心、牢记使命，领导人民进行新民主主义革命、社会主义建设和改革等波澜壮阔的伟大事业，中华民族迎来了从站起来、富起来到强起来的伟大飞跃，我国社会主义现代化国家建设取得重大成就，综合国力排名世界前列，“中国之治”和“西方之乱”进一步形成鲜明对比。

我国经济社会面貌发生历史性变化，经济实力和综合国力显著增强。国内生产总值由1978年的3645亿元跃升到2022年的近121万亿元。经济总量从1978年居世界第十位，上升到2010年超过日本，居世界第二位，成为仅次于美国的世界第二大经济体。我国经济总量占世界的份额由1978年的1.8%提高到2022年的约18%。我国还是世界第一大工业国、第一大货物贸易国、对外投资第一大国、第一大外汇储备国，国际地位和影响力明显提升。我国对世界经济增长的贡献率保持在30%左右。

经济结构不断优化，科技创新成果丰硕。一、二、三产业增加值占比分别由1952年的50.5%、20.8%、28.7%调整为2022年的7.3%、39.9%、52.8%；主要农产品产量稳居世界前列；220多种工业品产量位居世界第一，工业结构从低端向中高端转型升级步伐不断加快；“嫦娥”飞天、“蛟龙”入海等，彰显我国不少领域实现与世界先进水平并跑或领跑。

基础设施建设成就显著，城乡区域协调发展。建成世界最大的高速铁路网、高速公路网，机场港口、水利、能源、信息等基础设施建设取得重大成就。城市建设日新月异，新中国成立之初城镇人口所占比重仅为10.6%，2022年常住人口城镇化率超过65.2%。

民生福祉不断增进，国泰民安人心凝聚。1978年城镇居民人均可支配收入343元，农民人均纯收入133.6元，2022年全国人均可支配收入高达3.69万元。目前中等收入群体超过4亿人。教育事业全面发展，新中国成立之初80%的人口是文盲，2022年九年义务教育巩固率达95.5%。

人均预期寿命由建国初期35岁，2021年增长到78.2岁。建成世界最大社会保障体系，公共卫生和医疗保障能力水平大幅提高。人民生活实现了从解决温饱到总体小康再到全面小康的巨大跨越，人民群众的获得感、幸福感、安全感不断增强。

中国长期保持经济快速发展和社会长期稳定，彰显中国特色社会主义制度更加成熟，国家治理体系和治理能力现代化水平不断提高。人民军队现代化水平和实战能力显著提升，威武之师、文明之师、和平之师名副其实。中国是联合国安理会常任理事国，在国际社会发挥作用越来越大。中国在世界上的感召力、影响力显著提升。

第二章

中国共产党为什么如此成功

党的十九届六中全会通过的《中共中央关于党的百年奋斗重大成就和历史经验的决议》一个突出亮点，就是总结了百年来我们党积累的宝贵经验，即坚持党的领导、坚持人民至上、坚持理论创新、坚持独立自主、坚持中国道路、坚持胸怀天下、坚持开拓创新、坚持敢于斗争、坚持统一战线、坚持自我革命[①]。“十个坚持”是系统完整、相互贯通的有机整体，讲出了我们党最重要的经验，实际上回答了百年中国共产党为什么如此成功，值得我们反复领会，同时着眼于新的实践去认识和把握这些宝贵经验。

这里主要选择从政党、领袖、主义、制度、政策五个体现国家治理体系和治理能力现代化的重要方面进行研究，分析每一方面在革命、建设、改革不同时期是如何贯彻坚持人民至上的，从不同角度说明百年中国共产党为什么成功。

① 《中共中央关于党的百年奋斗重大成就和历史经验的决议》，人民出版社2021年版，第74–79页。

一、政党

政党是现代社会发展的产物，在国家治理体系和治理能力中发挥着重要作用。中国共产党是马克思主义政党，始终坚持为绝大多数人民服务，坚持群众路线，坚持自我革命永葆青春活力，深得广大人民群众信任。

（一）政党的试金石

党的十九大报告指出：“全党必须牢记，为什么人的问题，是检验一个政党、一个政权性质的试金石。”无数实践证明，为什么人的问题，是西方资产阶级政党、政权与马克思主义政党、政权性质一个重要区别。

政党不是随着人类社会的产生而产生的，而是阶级斗争发展到一定历史阶段的产物。在中国明代，就有所谓“东林党”；在欧洲，则有所谓“烧炭党”，但是这类党严格意义上说，都只是帮派的意思。现代意义上的政党，源于欧美资本主义发展最早的国家，并随着资产阶级和无产阶级的发展，逐渐在全球各地生根、开花、结果。

世界近代史开始于1640年的英国资产阶级革命。英国是现代西方议会制度和政党制度的发源地。从17世纪末起，在英国议会内部逐渐形成托利党和辉格党两大政党。这两大政党在议会内互相攻击，互相牵制，轮流执政，被人们认为是两党制的起源。当时忠于国王的集团被称为宫廷党，又名托利党；其对立面被称为乡党，又名辉格党。托利党代表议会中的保守势力，是保守党的先驱；辉格党是议会中的激进派，是自由党的前身。马克思在分析英国的政党制度时指出，托利党是“旧式贵族的党”，它恨工业，因为“工业破坏了它的威力和专政，动摇了它的原则”①。辉格党则是

① 《马克思恩格斯全集》第1卷，人民出版社1956年版，第629–630页。

“工商业中等阶级的贵族代表”[①]。1832年，随着议会改革，两大党的组织在全国范围内得到发展，开始了有计划、有组织的全国性竞选活动。托利党后来改名为保守党，辉格党改称为自由党。从20世纪20年代开始，工党取代自由党。保守党、工党分别代表着社会不同阶级和集团的利益，但是都对资本主义政治制度和价值理念是高度认同的，在推动资本主义发展进程中发挥着重要作用。

18世纪末发生的美国独立战争，是近代史上第二次资产阶级革命，它推翻了英国在北美的殖民统治，建立了“美利坚合众国”，从而保证了美国资本主义的顺利发展。美国建国之初不存在政党，在华盛顿执政后期，由于社会利益分化，其政府内部已分化出“联邦党”和“反联邦党”两大派系。之后，美国形成联邦党、民主共和党两大全国性政党。1800年大选中，民主共和党入主白宫并连续执政24年，联邦党逐步瓦解消散。此后，随着民主共和党内部分崩离析，形成了民主、共和两党，最终在1884年形成稳定的两党制。两党总体可分为自由主义与保守主义两派，代表着美国资本主义社会两大阵营不同的利益。

最早形成资产阶级政党制度的两个国家英国和美国都实行两党制的政治制度。对于两党制，一些人十分推崇，称两党制是实现社会政治民主的保证，是最完美的政党制度。其实，资产阶级的两党制是一种形式上的障眼法，是以民主的假象来掩盖资产阶级专政的实质。它就是用两个政党轮流执政的方式来维护资产阶级的利益和维护资产阶级的统治。现代政党政治是英、美政治生活中的一种基本形式，是支撑现代资产阶级政治的一根支柱。法国由于缺乏一个强大而集中的工业资产阶级，因而很难形成一个主流政党；德国的资产阶级政党面对强大的德皇、容克贵族以及军队，也只能发挥有限的作用。尽管如此，资产阶级政党在许多国家越来越普遍建

① 《马克思恩格斯全集》第8卷，人民出版社1961年版，第384页。

立起来。在这些政党制度中，既有像英、美那样的两党制，也有像法国等那样的多党制，并且以后者情况居多。

资产阶级的两党制或多党制，推动了资本主义工业的发展。到19世纪前期，法国、美国以及德意志也先后进入工业革命时代。工业革命不仅意味着资本主义手工业向资本主义机器大工业的过渡，而且引起广泛而深刻的社会变革——无产阶级形成了，并且发展壮大为独立的政治力量。19世纪三四十年代发生的法国里昂工人起义和德意志西里西亚工人起义、英国宪章运动，无产阶级已独立走上政治舞台，把矛头锋芒直接指向资本主义和资本主义制度。无产阶级建立自己政治组织的要求也被提上日程。

1847年，马克思、恩格斯组织成立的共产主义者同盟，是世界上最早的马克思主义政党，是代表人类绝大多数人利益的政治组织。

1848年2月，马克思、恩格斯发表了《共产党宣言》，这是无产阶级革命运动中第一个纲领性文件，一经问世就震动了世界，犹如黑暗中高擎的一束火炬，照亮了人类前行的方向，改变了人类的历史进程。它标志着马克思主义的诞生，世界上无产阶级政党有了自己的行动纲领和科学的革命运动。从此，马克思主义政党和科学社会主义，在世界社会主义运动此起彼伏中相伴而行、休戚与共。马克思主义政党作为无产阶级政党，是代表绝大多数人利益的政治组织，“全世界无产者联合起来！”这个口号激动人心。

1864年，随着欧美工人运动的高潮到来，罢工斗争频繁，工会组织发展，工人的国际联系也加强了，马克思主义开始在工人中间传播开来，诞生了工人阶级的强大的国际组织——第一国际。1889年在恩格斯指导下成立第二国际，但是在恩格斯逝世后，修正主义在第二国际和各国党内取得统治地位。这两个国际组织的诞生，推动国际共产主义运动的发展，但由于都是比较松散的、没有战斗力的组织，是欧洲共产主义运动没有最终成功的一个重要原因。

列宁拿起马克思主义思想武器，总结欧洲革命的经验教训，在俄国用民主集中制原则，建立了富有理想、纪律严明的布尔什维克党。这个党带领人民取得了1917年俄国十月社会主义革命的胜利。

纵观世界政党产生和发展的历史，可以清楚地看到，政党的产生和扩展是近现代社会发展的产物。政党作为阶级的组织，中心任务是进行政治斗争并夺取政权。西方资本主义国家实行两党或多党轮流执政，政党主要功能是选举，是竞选选票的工具，是为资本家服务的，主要是通过获取选票来获得其执政合法性。议员有接待室，反映选区选民意愿。选举期间做点“群众工作”，争取选民选票。相对而言，新加坡人民行动党做得好些，有严格的制度规定，每月几次接待选民，为选民服务，对获得民心、获取选票是有益的。新加坡是城市国家，地方小相对好做。无产阶级政党是为广大人民群众服务的，主要是通过为人民办实事来获得民心、取得执政合法性。可以说，政党在推进资本主义社会、社会主义社会发展进程中发挥着重要作用，在世界政治文明的宝库中占据着独特位置。

中国共产党与西方资产阶级政党不同。在西欧和北美，资产阶级政党是国家机器的一部分，诞生于资本主义发端，同时又维护资本主义制度。在中国，中国共产党产生于半殖民地半封建的旧社会，是以马克思主义为指导的无产阶级政党。从它诞生的第一天起，就义无反顾地肩负起为中国人民谋幸福、为中华民族谋复兴的历史使命，带领全国人民推翻旧社会，建立新中国，它是新国家、新社会的缔造者。中国共产党是中国社会主义建设和改革的领导核心，是中国特色社会主义最本质特征、最大优势，是最高政治领导力量。党的十九大报告强调：“带领人民创造美好生活，是我们党始终不渝的奋斗目标。必须始终把人民利益摆在至高无上的地位，让改革发展成果更多更公平惠及全体人民，朝着实现全体人民共同富裕不断迈进。”

（二）代表中国最广大人民的根本利益

马克思主义政党代表绝大多数人的利益，这句话说出了共产党人的政治追求，也宣示了社会主义的政治品格。中国共产党与世界上其他非马克思主义政党本质不同，那些政党代表的是部分阶级、部分集团、部分人的利益，奉行的是资本至上、选票至上，为狭隘党派利益服务。

过去几百年，资本主义多党轮流执政模式和制度一直被西方引以为豪。美国政党早期虽然党争不断，但那时政党领袖在国家利益上还会顾全大局。肯尼迪在担任美国联邦参议员时，在他的著作《信仰在风中飘扬》中说，美国“两党制之所以保留，不是因为两大党都固执己见，而是因为两大党都有足够的弹性。……两大党今天都谋求于为国家利益服务。他们这样做，其中某个不那么高尚的原因是为了得到最大范围的民众支持基础。不过当政党和在位者就国家利益如何得到实现问题上产生分歧时，我们不能将对政党甚至选民的责任置于首位，而应该首先叩问自己的良知”①。

美国政治学者福山认为，先前美国政治家的远见卓识不见了，现在是否决政治。在西方政治衰败明显的今天，为了一党私利，往往为反对而反对，议而不决、决而不行，效率低下，公信力受损，最终影响国家发展和人民幸福。奥巴马总统曾经在《经济学人》撰文总结执政八年情形时称，美国政治系统党派分裂严重，对美国政治体制有时很令人沮丧深有体会。

1991年，苏联这个超级大国还是解体了，苏共这个大党还是垮台了，根本原因就是苏共严重脱离人民群众。有一组数据特别令人警醒：1990年，苏联一报刊曾以“苏共代表谁”为题在部分群众中进行问卷调查。统计结

① 〔美〕约翰·F. 肯尼迪：《肯尼迪：信仰在风中飘扬》，马小悟译，北京大学出版社2013年版，第14页。

果显示，认为苏共代表劳动人民的只占7%，认为代表工人的只占4%，认为代表全体党员的只占11%[①]。

中国共产党这一百年政党正朝气蓬勃、活力四射，充满着勃勃生机，因为它不仅代表着工人阶级的利益，而且代表着中国人民和中华民族的利益，是坚持人民至上的无产阶级政党。我们在对百年来中国共产党代表的“人民”范围的考察中发现，随着形势变化和时代变迁，“人民”不断被赋予新的内涵，代表越来越广泛的社会群体。

中国共产党成立初期，提出的纲领和奋斗目标，代表着中国社会发展的前进方向，代表着中国无产阶级和其他广大劳动群众的根本利益。土地革命时期，苏维埃工农共和国代表的是工人、农民和城市小资产阶级联盟的政府。因为中国共产党认识到，中国人自主求强的探索，已经80年，过往每次都以失败告终。失败的原因在哪里？在于这些运动虽然其目的是民族自立自强，但是还只是少数人的运动，与中国占绝大多数的农民没有关系，或关系不密切，广大的农民仍然在帝国主义与封建势力的压迫和欺骗之下，被迫武装起来和走上战场来反对革命。这些运动虽然很好，却像无根的浮萍一样，是不坚实的，是经不起大风暴的，是只能轰轰烈烈一时，但在帝国主义与封建势力的一两个严重打击之下就会坍台的。只有实现了耕者有其田，真正解放了农民，人民的解放运动，才有了根，就像苍松古柏一样，在狂风暴雨中不会动摇。哪怕什么帝国主义，什么封建势力，什么美国武器，都没有办法来消灭它[②]。

抗日战争时期，随着中日民族矛盾的上升，中国共产党面临着从土地革命战争向民族革命战争转变的新形势。1935年12月，中共中央瓦窑堡会

① 沈云锁、潘强恩编：《共产党通史》第2卷（上册），人民出版社2011年版，第401页。

② 中央档案馆编：《中共中央文件选集（1946—1947）》第16册，中共中央党校出版社1992年版，第690页。

议对形势作出分析，指出反对关门主义，建立广泛的民族统一战线。“中国共产党是中国无产阶级的先锋队”，同时“又是全民族的先锋队”①。

可以说，一切抗日的阶级、阶层和社会集团都属于人民的范围，日本帝国主义、汉奸、亲日派都是人民的敌人。这就是中国共产党“人民”内涵的变化。兵民乃胜利之本。战争的伟力之最浓厚的根源，存在于民众之中。动员全国的老百姓，就造成了陷敌于灭顶之灾的汪洋大海。

那时，把苏维埃工农共和国改变为苏维埃人民共和国，因为我们的政府不但是代表工农的，而且是代表民族的。工人、农民占了全民族人口的80%~90%。日本侵略使中国各阶级团结起来了，不但小资产阶级，而且民族资产阶级，有了参加抗日斗争的可能。人民共和国不把帝国主义走狗放在人民之列，这和蒋介石的“中华民国国民政府”仅仅代表最大的富翁，并不把老百姓放在所谓“国民”之列，是不一样的。

解放战争时期，1949年6月，毛泽东在《论人民民主专政》中认为，“人民是什么？在中国，在现阶段，是工人阶级，农民阶级，城市小资产阶级和民族资产阶级”②。

中华人民共和国成立初期，特邀代表宋庆龄在中国人民政治协商会议第一次全体会议上致辞说：“我们达到今天的历史地位，是由于中国共产党的领导。这是唯一拥有人民大众力量的政党。”③

社会主义建设时期，1957年2月，毛泽东在《关于正确处理人民内部矛盾的问题》中指出，现阶段，一切赞成、拥护和参加社会主义建设的阶级、阶层和社会集团，都属于人民范围；一切反抗社会主义革命和敌视、

① 《建党以来重要文献选编（1921—1949）》第12册，中央文献出版社2011年版，第549页。

② 《毛泽东选集》第四卷，人民出版社1991年版，第1475页。

③ 中共中央文献研究室编：《中华人民共和国开国文选》，中央文献出版社1999年版，第301页。

破坏社会主义建设的社会势力和社会集团，都是人民的敌人[①]。

改革开放时期，1982年9月，党的十二大通过的《中国共产党章程》规定，中国共产党是中国工人阶级的先锋队，是中国各族人民利益的忠实代表，是中国社会主义事业的领导核心。

《中共中央关于党的百年奋斗重大成就和历史经验的决议》指出："党代表中国最广大人民根本利益，没有任何自己特殊的利益，从来不代表任何利益集团、任何权势团体、任何特权阶层的利益，这是党立于不败之地的根本所在。"[②]我们从中国共产党和世界政党发展的历史比较中，从中国国家治理和西方国家治理的现实对照中，可以看出中国共产党不是西方意义上的政党。西方的政党是由不同的利益团体组成的，每个利益团体都有自己的代表，也就是代表一部分人的利益。西方资产阶级政党是公开的部分利益党，党派竞争激烈，冲突和纷争不断。中国共产党是代表全体人民利益的政党，是实现了党性和人民性相统一的政党，是得到了广大人民群众衷心拥护的政党。

（三）党离不开人民

中国共产党是人民群众的政党，是全心全意为人民服务的政党，是得到人民群众拥护的政党。现在世界上，很少有政党做人民工作做得那么多、得到人民认可那么广泛。把人民当主人放在心中最高位置不是一句空话，最本质的体现就是中国共产党自觉做人民群众的"工具"。1943年，毛泽东就鲜明指出："有无群众观点是我们同国民党的根本区别，群众观点是共产党员革命的出发点与归宿。"[③]

① 《毛泽东著作选集》下册，人民出版社1991年版，第757–758页。

② 《中共中央关于党的百年奋斗重大成就和历史经验的决议》，人民出版社2021年版，第75页。

③ 《毛泽东文集》第三卷，人民出版社1996年版，第71页。

1945年，毛泽东在党的七大上提出："群众是从实践中来选择他们的领导工具、他们的领导者。被选的人，如果自以为了不得，不是自觉地作工具，而以为'我是何等人物'！那就错了。我们党要使人民胜利，就要当工具，自觉地当工具。"①

邓小平在党的八大上更加明确地说："工人阶级的政党不是把人民群众当作自己的工具，而是自觉地认定自己是人民群众在特定的历史时期完成特定的历史任务的一种工具。"②

改革开放初期，面对"文化大革命"造成的困境，邓小平指出："毛泽东同志倡导的作风，群众路线和实事求是这两条是最根本的东西。"③他把"群众路线"放在"实事求是"前面，可见群众路线在他心中处于何等重要的地位。他认为，党离不开人民，人民也离不开党，这是任何力量都不能改变的。

在以邓小平、江泽民和胡锦涛同志为主要代表的中国共产党人带领下，全国人民坚持社会主义，坚持改革开放，坚持发展经济，人民生活得到不断改善，逐步摆脱贫困、富裕起来。

从2012年12月4日，中共中央政治局会议审议通过了关于改进工作作风、密切联系群众的八项规定开始，以习近平同志为核心的党中央开展一系列群众教育活动，办了许多人民群众满意的事情，特别是整体脱贫，全面建成小康社会，是新时代中国共产党做群众工作的生动写照。

回想起来，中国共产党诞生之初只是50多人的党，因为肩负着为中国人民谋幸福、为中华民族谋复兴的初心使命，就自觉做人民群众创造历史的"工具"，深入人民群众中做工作，在广大群众中寻找创造历史的力量，

① 《毛泽东在七大的报告和讲话集》，中央文献出版社1995年版，第179页。
② 《邓小平文选》第一卷，人民出版社1994年版，第218页。
③ 《邓小平文选》第二卷，人民出版社1994年版，第45页。

去战胜强大的敌人，去建设美好的社会。可以说，中国共产党做群众工作，是西方政党无可比拟的。

给群众看得见的切身利益。在革命年代，中国共产党强调，在根据地、在陕甘宁边区、在解放区，必须给人民看得见的切身利益，这样群众就会拥护我们，反对国民党的进攻、反对日本侵略者。否则，群众分不清国民党和共产党的优劣，便会动摇于两党之间，而不能坚决地拥护我党。耕者有其田的实现，减租减息的工作，增加工资的运动，精兵简政的推行，大生产运动的开展，解决群众的穿衣问题、吃饭问题、住房问题、柴米油盐问题、疾病卫生问题、婚姻问题、教育问题等，因为中国共产党致力于解决这些群众的切身利益，满足了群众的需要，群众就真正围绕在我们党的周围，热烈地拥护我们党；群众就把革命胜利当作他们的生命，把革命胜利当作他们无上光荣的旗帜，就用生命同国民党反动派、同日本侵略者决斗，把帝国主义赶出中国，把国民党打垮，取得中国革命的伟大胜利。

新中国成立以来，中国共产党强调更要关心人民的生产和生活，重视群众物质利益，维护人民各种权利。国家主权和安全的维护、社会主义制度的确立、工业化建设、大江大河的治理、农田水利基础设施的修建、医疗卫生体育事业的发展、高考制度的恢复、农村经济体制改革、城市经济体制改革、分配制度改革、住房制度的改革、生态环境的改善、社会治安好转，这些都关系到人民群众的切身利益。我们党坚持把人民对美好生活的向往作为自己的奋斗目标，切实实现好、维护好、发展好最广大人民根本利益，赢得了人民的真心拥护，推动了中华民族伟大复兴的历史进程。

做人民群众的先锋队。中国共产党忠实地履行自己的职责，在英勇地领导中国人民进行的百年伟大事业建设中，始终站在斗争的最前线，在全民族中起了伟大的先锋模范作用。人民群众有了自己的先锋队，就获得了彻底解放，就紧跟党奋勇前进。

中国共产党是英勇坚决地领导中国的革命，站在革命最前线的先锋队。在战争年代，若一个连队有30%的党员，这个连队一定好，战斗力一定强。因为党员打仗冲锋在前、生活上吃苦在前，这样他们就成了群众的模范。据有关方面不完全统计，仅北伐战争、土地革命战争及全民族抗日战争时期，在战场上牺牲的战士就达76万人，其中32万名是共产党员。新中国成立前的中央委员、候补委员共有171人，牺牲和遇难的有42人，占24.6%；新中国成立前的政治局委员以上领导人共有55人，牺牲、遇难的有15人，占27.3%。经中央军委确定的军事家共有36位，其中为中国人民解放事业献出生命的就有11位，占30.6%。在中国共产党的主要创始者中，陈独秀两个儿子被国民党杀害，李大钊被军阀处以绞刑，毛主席一家有6人为革命献出了生命。除了为国捐躯的烈士，在战争中受伤的人更多！毛泽东曾说："成千上万的先烈，为着人民的利益，在我们的前头英勇地牺牲了，让我们高举起他们的旗帜，踏着他们的血迹前进吧！"①

中国共产党是英勇坚决地领导中国的建设，站在建设最前线的先锋队。有用生命践行誓言"宁肯少活二十年，拼命也要拿下大油田"的王进喜，有"生也沙丘，死也沙丘，父老生死系"的县委书记焦裕禄。那个年代，这样的代表人物不胜枚举，他们带领人民群众战胜一切困难，取得一个又一个胜利。

中国共产党是英勇坚决地领导中国的改革，站在改革最前线的先锋队。有信奉"一个共产党员爱的最高境界是爱人民"的地委书记孔繁森；1998年长江抗洪的危急时刻，带头跳入洪水抢险的是中国人民解放军一位将军；2008年四川汶川地震后，第一时间抵达震中救援的是大批中共党员；

① 《毛泽东选集》第三卷，人民出版社1991年版，第1098页。

2020年抗击新冠疫情，全国支援湖北的4万多名医护人员中，56.1%是中共党员。“为了保护人民生命安全，我们什么都可以豁得出来！”

中国共产党是英勇坚决地领导中国脱贫攻坚战，站在扶贫最前线的先锋队。和平年代的这场脱贫攻坚战中1800多名党员干部牺牲。他们的年龄、工作岗位不同，有的被称为时代楷模，有的被称为时代先锋，有的被称为人民公仆，但他们都是党的优秀儿女。这支由中华民族的优秀儿女构成的队伍，在一个情况复杂的古老国度，带领人民群众创造出无数的人间奇迹。支撑这一决心与行动的是中国共产党全心全意为人民服务的根本宗旨。

做群众工作组织保障有力。中国共产党动员群众、组织群众、服务群众、引导群众的工作是卓越的。这是中国共产党为什么在那么艰难的情况下，能够组织亿万人民加入革命、建设和改革的洪流中，不断发展壮大自己，取得政权、巩固政权的根本原因所在。这是世界上任何政党都无法比拟的。

中国共产党有着任何西方政党所不具备的条件。马克思、恩格斯把无产阶级组织成为独立政党作为无产阶级革命的首要条件，强调无产阶级政党必须成为一个统一的整体，必须由最彻底、最坚定的先进分子组成。列宁说过：“无产阶级在争取政权的斗争中，除了组织，没有别的武器。”[①]毛泽东指出：“一个政党要引导革命到胜利，必须依靠自己政治路线的正确和组织上的巩固。”[②]邓小平强调：“中国的稳定，四个现代化的实现，要有正确的组织路线来保证。”[③]严密的组织体系，是马克思主义政党的优势所在、力量所在，是国家治理体系和治理能力的重要组成部分。中国共产党

① 《列宁选集》第1卷，人民出版社1995年版，第526页。

② 《毛泽东选集》第一卷，人民出版社1991年版，第303页。

③ 《邓小平文选》第二卷，人民出版社1994年版，第193页。

已经由一个刚成立时的50多位成员，发展到拥有9900多万名党员的世界最大的马克思主义政党。中国共产党的组织严密，建立了包括党的中央组织、地方组织、基层组织在内的严密体系，基层乡村建党支部、车间建党支部、机关建党支部、连队建党支部、新经济组织建党支部、新社会组织建党支部、新就业群体建党支部，党组织建设深入社会的各行各业、各个细胞。做到哪里有群众，党的组织就延伸到哪里、建设就到哪里。各级党组织不断提高政治领导力、思想引领力、群众组织力、社会号召力，把广大人民群众紧紧团结在党的周围。从抗日战争中，党组织发挥出强大的领导群众、教育群众、组织群众的能力，促进了全民族的大觉醒，到汶川大地震、新冠疫情防控期间，党发出党员交特殊党费的号召，几千万名党员从机关、学校、矿山、工厂、医院、村寨、军营等祖国的各个角落闻令而动，聚集成庞大的爱心洪流。请问，世界上有哪个政党、哪个政治组织，能够有如此强大的号召力、组织力、凝聚力？西方政党组织松散、权力分散、纪律涣散，政党功能以选举为要，政治衰败明显。中国共产党强大的组织力，在他们看来是不可思议的。

《西行漫记》作者埃德加·斯诺认为中国共产党是一个纪律严明、深为人民爱戴的政党，之所以取得节节胜利，是因为能把满足人民大众迫切需要的纲领付诸行动，并能从大多数人民群众中汲取力量。①

“群之所为事无不成，众之所举业无不胜。”党只有一刻也不脱离人民群众，才能够获得生命源泉，保持勃勃生机。群众路线是中国共产党根本工作路线、生命线、传家宝。中国共产党百年奋斗史，就是一部群众工作发展史。

由此可以看出，百余年来，中国共产党做群众工作是始终如一的。每

---

① 新华社人民标尺课题组：《人民标尺：从百年奋斗看中国共产党政治立场》，新华出版社2021年版，第12页。

一代领导人在自己执政期间，面对不同的形势任务，都在不断地坚持和发展党的群众工作的观点、方法和措施。新时代党的群众工作，与革命战争年代和社会主义建设时期党的群众工作，既有相同的地方，也有不同之处，但其精神实质没有变，就是要联系群众、服务群众、依靠群众。中国共产党靠做群众工作起家，必然靠做群众工作发展壮大。

（四）勇于自我革命

世界政党发展的历史经验表明，一个政党过去先进不代表现在先进，现在先进不代表将来先进。苏联共产党是以马列主义武装起来的无产阶级政党，领导人民取得俄国十月革命和卫国战争伟大胜利，无疑它过去是先进的，曾经是世界无产阶级政党学习的榜样，毛泽东等老一辈无产阶级革命家给予过高度评价。但是，苏联共产党后来落后了、垮台了，被历史淘汰了，苏联也解体了。警示片《苏联亡国亡党20年祭》中说：苏联共产党只有20万党员时打败了资产阶级临时政府；200万党员时打败了德国法西斯，巩固了政权；2000万党员时却自己打败了自己，失去了政权。其原因固然是多方面的，但是苏联共产党高层长期脱离群众，结成既得利益集团、特权阶层，政治理想缺失、政治基础垮塌、政治纪律丧失、政治品格低下，不能不说是一个重要原因。

中国共产党如何跳出治乱兴衰的历史周期率？党始终在思考，一直在探索。在革命时期，毛泽东在延安的窑洞里给出了第一个答案，这就是只有“让人民来监督政府”，政府才不会松懈。

中国共产党已成立百余年，执政70多年，特别是在坚持改革开放和发展社会主义经济条件下，如何保持先进性和纯洁性？如何建设中国特色社会主义？如何跳出历史周期率？这是前无古人的伟大而艰巨的事业。我们党进行了艰辛探索，开展了伟大斗争，发展人民民主、接受人民监督，推进党风廉政建设和反腐败斗争，取得了很大成绩，但是，正如中国共产党克服重大挫折才找到中国革命正确道路、中国建设的正确道路一样，中国共产党经过百年艰难探索，特别是党的十八大以来新的伟大实践，对如何跳出治乱兴衰历史周期率的认识进一步提高了，又给出了第二个答案，这就是自我革命。习近平总书记在党的十九届六中全会上提出，自我革命是我们党跳出历史周期律的第二个答案。十九届六中全会通过的《决议》深刻总结了百年政党成功的十条经验，第十条就是坚持自我革命。自我革命就是补钙壮骨、排毒杀菌、壮士断腕、去腐生肌，不断清除侵蚀党的健康肌体的病毒，不断提高自身免疫力，防止人亡政息。新时代以来，党中央以前所未有的勇气和定力坚持全面从严治党、推进自我革命，取得了历史性、开创性成就，开辟了百年大党生机勃发的新境界。

纵观历史，世界上很少有哪个统治集团、哪个政党能够像中国共产党这样，在掌握了政权后还始终保持着刀刃向内的勇气。我们要始终保持全面从严治党永远在路上的政治自觉和历史主动，确保党不变质、不变色、不变味，为世界政党建设、政权建设贡献中国智慧和中国方案。澳大利亚前总理陆克文就认为，中国共产党特别重视反腐败，维持自己的合法性，并且确保经济效率，在世界上是独一无二的。

（五）坚持党的全面领导

百余年来，中国人民和中华民族之所以能够扭转近代以后的发展方向、取得举世瞩目的伟大成就，最根本的是有中国共产党的坚强领导。在中国特色社会主义制度体系中，中国共产党的领导是写入党章、载入宪法的，党的领导制度是我国的根本领导制度、居于统领地位。历史证明，治理好我们这个世界上人口最多的国家，必须坚持党的领导。

坚持党的领导，最重要的是坚持党中央集中统一领导。在国家治理体系中，党中央是坐镇中军帐的“帅”。党中央重大决策部署，是全党全军全国各族人民统一思想、统一意志、统一行动的依据。按照《中国共产党中央委员会工作条例》的规定，党中央的领导地位和权威体现在：全面领导改革发展稳定、内政外交国防、治党治国治军等各领域各方面工作，对党和国家事业发展重大工作实行集中统一领导；各级人大、政府、政协、监察机关、审判机关、检察机关，武装力量，各民主党派和无党派人士，人民团体，企事业单位，基层群众性自治组织，社会组织等，都必须自觉接受党中央领导；全党各个组织和全体党员必须自觉服从党中央，向党中央看齐，坚决维护党中央权威和集中统一领导。

习近平总书记创造性提出四个“最”：中国特色社会主义最本质的特征是中国共产党领导，中国特色社会主义制度的最大优势是中国共产党领导，党是最高政治领导力量，坚持党中央集中统一领导是最高政治原则，为坚持党对一切工作的领导提供了重要遵循。党中央连续作出一系列制度安排、出台一系列重大举措，把党的领导落实到治国理政的各领域各方面各环节。现在，中央政治局同志每年向党中央和总书记进行书面述职，每年年初党中央都要听取人大、政府、政协等部门党组工作汇报和中央书记处工作报告，各地区各部门党委（党组）及时向党中央报告工作，这些都已经形成了制度。同时，组建党中央决策议事协调机构，加强党中央对深化改革、依法治国、经济、国家安全、网信等各方面工作的全面领导。党中央发挥统揽各项工作，统揽各方力量，统揽国家治理的重要作用。

坚持党的领导，就要坚决贯彻落实党中央决策部署，确保政令畅通、令行禁止。这是各级党组织和全体党员的首要政治责任和应尽义务，自觉同党中央保持高度一致，把贯彻党中央精神体现到思考问题、推进工作的实践中去，不断提高执行能力，做到坚决听党中央话，按党中央要求办。

坚持党的领导，就要严明党的政治纪律和政治规矩，增强制度执行力。新征程上，要胸怀“国之大者”，深刻领悟“两个确立”的决定性意义，增强“四个意识”、坚定“四个自信”、做到“两个维护”，坚持和加强党的全面领导，确保中国特色社会主义事业蓬勃发展、兴旺发达。

二、领袖

党的十九届六中全会通过的《中共中央关于党的百年奋斗重大成就和历史经验的决议》指出：“只要我们坚持党的全面领导不动摇，坚持维护党的核心和党中央权威，充分发挥党的领导政治优势，把党的领导落实到党和国家事业各领域各方面各环节，就一定能够确保全党全军全国各族人民团结一致向前进。”因此，我们要有核心意识，坚决维护党的核心和党中央权威。

（一）领袖的重要作用

马克思、恩格斯认为，领袖权威对无产阶级政党建设具有重要作用。1871年建立的法国巴黎公社是世界上无产阶级专政的首次尝试，马克思、恩格斯在总结公社失败教训时深刻指出：“巴黎公社遭到灭亡，就是由于缺乏集中和权威。”[①]1873年，恩格斯在《论权威》一文中指出，权威和服从不是由人的主观愿望确定的，而是社会发展的客观要求。

列宁高度重视维护发挥革命领袖的权威作用，提出一个著名的论断：“群众是划分为阶级的……阶级通常是政党来领导的；政党通常是由最有威信、最有影响、最有经验、被选出担任最重要职务而被称为领袖的人们所组成的比较稳定的集团来主持的。”[②]正是因为布尔什维克党有列宁这样

① 《马克思恩格斯选集》第4卷，人民出版社1972年版，第399页。

② 《列宁选集》第4卷，人民出版社1995年版，第151页。

的政治领袖，有由一批杰出职业革命家组成的最高领导团队，带领广大党员和群众克服困难、冲锋陷阵，才取得十月革命的伟大成功，才粉碎了帝国主义的武装干涉和包围封锁，进一步巩固了苏维埃政权，并成功展开了大规模社会主义建设。

党的百余年历史证明，什么时候形成了党的核心，并坚定地维护党的核心和党中央权威，党的事业就会成功；反之，党的事业就会遭受挫折。我们党从诞生之日起，一直到遵义会议前，都没有形成一个众望所归的党中央核心、全党的核心。因此，党的事业多次遇到重大挫折，甚至面临失败危险。遵义会议确立了毛泽东同志在红军和党中央的领导地位，我们党开始形成坚强的领导核心，有了成熟的中央领导集体，中国革命面貌便从此焕然一新。

毛泽东说："领导核心只能有一个。一个桃子剖开来有几个核心？只有一个核心。""实行一元化的领导很重要，要建立领导核心，反对'一国三公'。"①

1945年，党的六届七中全会通过的《关于若干历史问题的决议》强调："全党已经空前一致地认识了毛泽东同志的路线的正确性，空前自觉地团结在毛泽东的旗帜下了。"②随后召开的党的七大确立了毛泽东思想在全党的指导地位，把毛泽东思想写入了党章，标志着我们党在政治上思想上组织上走向了成熟。

1981年，党的十一届六中全会通过的《关于建国以来党的若干历史问题的决议》指出："我们不应该把一切功劳归于革命的领袖们，但也不应该低估领袖们的重要作用。在党的许多杰出领袖中，毛泽东同志居于首要

① 《〈中共中央关于党的百年奋斗重大成就和历史经验的决议〉辅导读本》，人民出版社2021年版，第48–49页。

② 中共中央文献研究室、中央档案馆：《建党以来重要文献选编（1921—1949）》第二十二册，中央文献出版社2011年版，第111页。

地位。”[①]

邓小平指出：“任何一个领导集体都要有一个核心，没有核心的领导是靠不住的。第一代领导集体的核心是毛主席，因为有毛主席作领导核心，‘文化大革命’就没有把共产党打倒。第二代实际上我是核心。因为有这个核心，即使发生了两个领导人的变动，都没有影响我们党的领导，党的领导始终是稳定的。”“要有意识地维护一个核心。”[②]这是总结党的历史经验得出的科学结论，被视为“政治交代”的历史经验。

党的十八届六中全会明确习近平总书记党中央的核心、全党的核心地位，正式提出“以习近平同志为核心的党中央”[③]，这是我们党在新的历史条件下对马克思主义关于群众、阶级、政党、领袖有关历史唯物主义观点的坚持和发展。

2021年11月，党的十九届六中全会决议提出：“党确立习近平同志党中央的核心、全党的核心地位，确立习近平新时代中国特色社会主义思想的指导地位，反映了全党全军全国各族人民共同心愿，对新时代党和国家事业发展、对推进中华民族伟大复兴历史进程具有决定性意义。”[④]这是党的百年奋斗的重要历史经验，需要我们深刻领会和认真把握。

从中国共产党百年历史看，在实践中形成坚强的领导核心和中央领导集体，对我们这样的大党、大国尤为重要，这是中国共产党能够成功和继续成功的根本政治优势。

---

① 中共中央文献研究室：《三中全会以来重要文献选编》下，人民出版社2011年版，第128页。

② 《邓小平文选》第三卷，人民出版社1993年版，第310页。

③ 《中国共产党简史》，人民出版社、中共党史出版社2021年版，第392页。

④ 《中国共产党第十九届中央委员会第六次全体会议文件汇编》，人民出版社2021年版，第11页。

（二）在斗争中成长

人类历史证明，社会是在矛盾运动中前进的，矛盾无时不有、无处不在，凡是有矛盾就会有斗争。

从国际共产主义历史看，无论是马克思主义产生和发展，还是社会主义国家诞生和发展，都充满着艰辛的斗争。

“人在事上练，刀在石上磨。”斗争精神、斗争本领不是与生俱来的。世界无产阶级领袖通常要经受严格的思想淬炼、政治历练、实践锻炼、专业训练，主动投身到各种斗争中去，经风雨、见世面，在复杂严峻的斗争中锻炼成长。

马克思、恩格斯在领导欧洲工人运动和建立世界无产阶级政党的实践中，因为触及反动势力的政治统治和经济利益，旧欧洲的一切势力都联合起来进行围剿。马克思长年没有固定的工作和收入，全家贫困交加，还遭受普鲁士、比利时、法国和英国反动政府的政治迫害，多次被驱逐。恩格斯也多次被反动势力驱逐。

列宁在组织俄国工人阶级组织、宣传马克思主义和组织武装起义时，多次被逮捕入狱和流放，第一次流放西伯利亚，第二次流放长达10多年。

坚持敢于斗争是中国共产党百年奋斗的重要历史经验。从中国共产党的历史看，建立中国共产党、成立中华人民共和国、实行改革开放、推进新时代中国特色社会主义，都是在斗争中诞生、在斗争中发展、在斗争中壮大的。我们党在应对前进道路上各种困难挑战中，锤炼了不畏强敌、不惧风险、敢于斗争、勇于胜利的风骨和品质。这是中国共产党最鲜明的特质。习近平总书记强调，我们党依靠斗争创造历史，更要依靠斗争赢得未来，敢于斗争、敢于胜利，是中国共产党不可战胜的强大精神力量。

1923年6月，毛泽东在中共三大上当选为中央执行委员，并被选入由5人组成的中央局，担任中央秘书，与陈独秀等一起负责中共中央的日常工作。但在1925年1月召开的中共四大上，他因生病没有出席这次大会，没有被选入中央委员会。

1927年，毛泽东在八七会议上当选为中共中央临时政治局候补委员。在随后的湘赣边界秋收起义，遭到了“左”倾路线影响的中共中央批评。1927年11月召开的中共中央临时政治局扩大会议作出决定，撤销了毛泽东的政治局候补委员和湖南省委委员的职务。这一决定在井冈山传达时，又被误传为“开除党籍”。他不能担任前委书记和党代表，只能担任工农革命军第一师师长。

1929年6月召开的红军第四军第七次党代表大会上，毛泽东关于加强党对红军绝对领导的正确意见没有得到当时大多数人的理解和支持，他没有继续当选为红四军前委书记，被迫离开了红四军的领导岗位。后来，中共中央给红四军前委发来“九月来信”，对他的正确主张表示肯定和支持。他在1929年12月召开的红四军九大上重新当选为前委书记。

1932年10月，“左”倾冒险主义者统治中央期间，中共苏区中央局在江西宁都县召开会议，对毛泽东正确的军事方针进行了批评和指责。会议停止了他对红一方面军的军事指挥。从此，他离开红军的军事领导岗位长达两年多。

直到1935年1月召开的遵义会议上，毛泽东才开始成为红军和党的领导核心。党的六届七中全会通过的《关于若干历史问题的决议》指出“党在奋斗的过程中产生了自己的领袖毛泽东同志”，充分体现了全党对毛泽东同志历史地位的高度认同。

1937年，王明从共产国际回到延安，曾经挑战毛泽东在党内的领导核心地位。那时共产国际的领导季米特洛夫说：王明回国前，我们再三告诫他：不要以为自己是国际执委会的成员，又是书记之一，就可以翘尾巴，不听党领导的话，把自己凌驾于党中央、毛泽东之上。须知，他（指毛泽东）才是在人民群众中、在实际斗争中成长起来的，所以他才是中国人民、中国革命和中国共产党的真正领袖，而绝不是别人[①]。

1933年，“左”倾冒险主义者在中央苏区发动了一场以批判邓小平、毛泽覃、谢唯俊、古柏为代表的“江西罗明路线”的斗争，邓小平被撤销了江西会昌中心县委书记，给予党内“最严重警告”处分。这是邓小平政治生涯中第一次被错误解除领导职务。1935年1月遵义会议召开，邓小平又出任中共中央秘书长。

在党的八届十二中全会上，邓小平被撤销了中共中央政治局常委、中共中央总书记职务。之后，又被下放到江西省新建县，在拖拉机修造厂做钳工，一干就是3年。林彪篡党夺权阴谋破败后，在周恩来支持下，经毛泽东同意，邓小平在1973年3月回到北京，重新恢复了国务院副总理的职务，协助周恩来主持国务院日常工作。1975年年初，邓小平又被任命为中共中央副主席、国务院第一副总理、中央军委副主席兼中国人民解放军总参谋长，并主持党、政、军的日常工作。

1976年在“批邓、反击右倾翻案风”的运动中，邓小平又一次被撤销了党内外一切职务，保留党籍。1977年7月，党的十届三中全会根据人民的意愿决定恢复邓小平中共中央委员，中央政治局委员、常委，中央副主席，中央军委副主席，国务院副总理，人民解放军总参谋长的职务。以邓小平同志为主要代表的中国共产党人带领全国人民解放思想、实事求是，开创了改革开放和社会主义现代化建设新局面。

1982年9月，江泽民在中共十二大上当选为中央委员。

1987年11月，在中共十三届一中全会上，江泽民当选为中共中央政治局委员。1989年6月，在中共十三届四中全会上，江泽民当选为中共中央政治局常委、中央委员会总书记。同年11月，中共十三届五中全会决定

① 师哲口述、师秋朗整理:《毛泽东的翻译——师哲眼中的高层人物》，人民出版社2005年版，第362页。

江泽民为中共中央军事委员会主席。1990年3月，在七届全国人大三次会议上，江泽民当选为中华人民共和国中央军事委员会主席。

从党的十三届四中全会到十六大的13年中，我国面临外有压力、内有困难的严重时刻，江泽民带领党的中央领导集体，高举马列主义、毛泽东思想、邓小平理论伟大旗帜，坚持党的基本路线不动摇，紧紧依靠全党全军全国各族人民，抓住机遇，加快发展；改革阻碍生产力发展的经济体制，建立社会主义市场经济体制；坚持同美国等西方国家开展斗争，打破一些西方国家对中国进行所谓“制裁”；加入世界贸易组织，形成对外开放新格局；顺利实现香港、澳门回归，有力推动“一国两制”实践发展；推动两岸双方达成体现一个中国原则的“九二共识”，有力开展反分裂、反“台独”重大斗争。

江泽民强调：“我们党正在领导人民进行建设社会主义现代化的伟大斗争，不可避免地会遇到许多复杂情况，国际国内的严峻形势和不同社会制度、不同思想体系的对立和斗争，经常考验着每个党员。”“压倒一切敌人而不被任何敌人所压倒、征服一切困难而不被任何困难所征服的英雄气概和革命精神。”① “人不能低下高贵的头。”②13年中，江泽民带领全党全军全国各族人民从容应对一系列关系我国主权和安全的国际突发事件，战胜在政治、经济领域和自然界出现的一系列困难和风险，特别是领导人民成功抵御亚洲金融危机冲击、战胜1998年特大洪涝灾害等，捍卫了中国特色社会主义伟大事业，保证了改革开放和社会主义现代化建设的航船始终沿着正确方向破浪前进。

1992年10月，胡锦涛在党的十四届一中全会当选为中共中央政治局常委、中央书记处书记。

---

① 《江泽民文选》第一卷，人民出版社2006年版，第94、589页。

② 《江泽民文选》第三卷，人民出版社2006年版，第447页。

2002年11月，胡锦涛在党的十六届一中全会上当选为中共中央政治局常委、中央委员会总书记。以胡锦涛同志为主要代表的中国共产党人，带领全国人民努力奋斗、开拓进取，沉着应对国际金融危机对我国的冲击、妥善处理一些地方出现的人民内部矛盾、帮助港澳走出金融危机影响、坚决反对“台独”分裂活动、应对钓鱼岛危机以及应对突如其来的非典疫情、汶川大地震的挑战，在新形势下坚持和发展中国特色社会主义。

2007年10月，习近平同志在党的十七届一中全会上当选为中共中央政治局常委、中央书记处书记。2012年11月，习近平同志在党的十八届一中全会当选为中共中央政治局常委、中央委员会总书记。

新时代以来，我国面临的风险挑战、矛盾问题之多，正本清源、治乱祛邪任务之重，攻克堡垒、清除顽瘴痼疾难度之大，实属世所罕见、史所罕见。

习近平总书记指出，共产党人的斗争是有方向、有立场、有原则的，大方向就是坚持中国共产党领导和我国社会主义制度不动摇。我们的斗争，不是为了斗争而斗争，也不是为了一己私利而斗争，而是为了实现人民对美好生活的向往、实现中华民族伟大复兴知重负重、苦干实干、攻坚克难。胜利要通过斗争获得，谁也不会送给我们。没有伟大斗争，就没有新时代历史性成就、历史性变革。

伟大变革首先是在解决党内突出矛盾中实现的。党中央坚定不移加强党的全面领导，推进全面从严治党，持之以恒纠治“四风”，坚决惩治腐败，清除了党内政治隐患，党的领导更加坚强有力，党内政治生态焕然一新。

伟大变革是在应对外部风险挑战中实现的。党中央领导全国人民，始终保持战略定力，发扬斗争精神，不信邪、不怕鬼、不怕压，有针对性进行坚决斗争，有力维护了国家尊严和核心利益，牢牢掌握了我国发展和安全的主动权。

伟大变革是在解决经济社会发展突出矛盾中实现的。以习近平同志为主要代表的中国共产党人，提出了一系列新思想新理念新举措，特别是提出并贯彻新发展理念、推动构建新发展格局等，为我国长期稳定发展、安全发展奠定了基础。

（三）厚重的人民情怀

全心全意为人民服务是中国共产党的根本宗旨，也是中国共产党人的行为准则。如果要问，中国共产党使用最多的“词汇”是哪一个？无疑是“人民”一词。

毛泽东对人民感情深厚，与他书本上认识到人民的伟大力量是密切相关的。他在小学堂、中学堂、在师范学校博览群书，年轻时就胸怀救国救民的远大理想，发出“问苍茫大地，谁主沉浮”的呐喊。梁启超的《新民说》阐述救中国的伟大力量在于唤起民众，造就新民，此说点燃了毛泽东救国救民的激情。1918年，他创建的一个革命团体就叫“新民学会”。可见，《新民说》在他早期活动中的影响，已见端倪。1919年7月，毛泽东在他任主编和主笔《湘江评论》的《创刊宣言》中写道：“世界什么问题最大？吃饭问题最大。什么力量最强？民众联合的力量最强。什么不要怕？天不要怕，鬼不要怕，死人不要怕，官僚不要怕，军阀不要怕，资本家不要怕。”①

如果说梁启超指出救中国的力量就在“民”身上，毛泽东的思索进一步到呼唤民众联合起来。他认识到，一盘散沙似的国人需要联合起来，才能汇聚起巨大的力量。中国人说“民以食为天”，毛泽东正是从人民的吃饭问题下笔。他把民众的大联合看得比教育救国、兴业救国都更重要。

“民众的大联合，何以这么厉害？因为一国的民众，总比一国的贵族资

① 张宝明主编：《中共早期期刊历史系谱》上卷，人民出版社2018年版，第226页。

本家及其他强权者要多。”[①]毛泽东这时已初步从阶级斗争角度去观察社会。他说过，读《共产党宣言》，只取四个字——“阶级斗争”。他说在欧洲有一派就是被剥削被压迫的平民联合起来，同人数少的贵族资本家抗争，用的是激烈的方式。“这一派的首领，是一个生在德国的叫做马克思。”[②]

1919年，毛泽东写出《民众的大联合》时，还只是在于“呼唤”，不久他就着手于“组织”，在短短两年中，湖南就有了20多个工会，5万多名会员。毛泽东组织了安源工人罢工、粤汉铁路工人大罢工等10多次罢工，要求承认工会、增加工资、改善待遇。1923年5月1日，湖南举行了总罢工。

这时的毛泽东已经从书本上认识到民众的大联合对于中国革命的极端重要性，并且在实践中开始有所行动，但是没有完全寻找到中国革命的主要力量。

毛泽东对人民感情深厚，是在实践中逐步锻炼培养的结果。他坦率地说：“革命了，同工人农民和革命军的战士在一起了，我逐渐熟悉他们，他们也逐渐熟悉了我。这时，只是在这时，我才根本地改变了资产阶级学校所教给我的那种资产阶级和小资产阶级的感情。”[③]这话说出了毛泽东感情变化的经验。

毛泽东对人民的厚重感情，是在成功寻找中国革命的主要力量中得到升华的。中国共产党早期学习欧洲、俄国革命的经验，重视联系工人阶级力量，组织工人罢工，在经历革命失败的教训后，毛泽东把目光放在中国农民身上，进行土地革命，组建以工农为主体的革命力量，建立农村革命根据地，走“农村包围城市、武装夺取政权”的道路。他认为，之前中国

① 中国社会科学院现代史研究室、中国革命博物馆党史研究室编：《“一大”前后——中国共产党第一次代表大会前后资料选编（一）》，人民出版社1985年版，第83页。

② 中国社会科学院现代史研究室、中国革命博物馆党史研究室编：《“一大”前后——中国共产党第一次代表大会前后资料选编（一）》，人民出版社1985年版，第84页。

③《毛泽东选集》第三卷，人民出版社1991年版，第851页。

革命失败“主要的是因为占全国人口百分之九十的工农劳动群众还没有动员起来，所以表现了弱，所以不能完成反帝反封建的任务……革命的经验教训是什么呢？根本就是‘唤起民众’这一条道理”[①]。

毛泽东在革命时期，对人民群众用了五个形象的比喻。

“铜墙铁壁。”在江西瑞金的中央苏区，中国共产党的力量非常弱小，敌我矛盾尖锐，国民党搞步步为营的碉堡战术围剿红军。那个时候，毛泽东以充满历史的、哲学的眼光看到，什么是我们的铜墙铁壁？不是高山峻岭，不是大江大河，而是人民群众。人民群众是我们共产党人最好的铜墙铁壁，什么力量都打不破。反革命打不破我们，我们却要打破反革命。

“眼睛。”1943年，抗日战争进入相持阶段，毛泽东说：“共产党应该紧紧地和民众在一起，保卫人民，犹如保卫你们自己的眼睛一样，依靠人民，犹如依靠自己的父母兄弟姊妹一样。”[②]眼睛是人身上最灵敏、最脆弱的部位，也是我们无论如何需要保护的对象。这就把党和人民的关系，提到了一个前所未有的高度。

“上帝。”1945年，毛泽东在中国共产党第七次全国代表大会上的闭幕词中讲道：“现在也有两座压在中国人民头上的大山，一座叫做帝国主义，一座叫做封建主义。中国共产党早就下了决心，要挖掉这两座山。我们一定要坚持下去，一定要不断地工作，我们也会感动上帝的。这个上帝不是别人，就是全中国的人民大众。”[③]

“土地。”1945年，毛泽东在延安干部会上做了一个关于重庆谈判的报告。其中，把共产党比作种子，把人民比作土地。我们要在人民群众中间生根开花，如果不能够生根、发芽、开花、结果，那么革命就不能发展壮

① 《毛泽东选集》第二卷，人民出版社1991年版，第564–565页。

② 《毛泽东文集》第三卷，人民出版社1991年版，第45页。

③ 《毛泽东选集》第三卷，人民出版社1991年版，第1102页。

大，就不可能取得成功[1]。

“水。”毛泽东很早就把党群关系比作鱼水关系，这是他对长期群众实践的深刻总结，也是他对群众深厚感情的重要体现。1957年，他再次强调：“党群关系好比鱼水关系。”[2]这意思是，共产党人是鱼，人民群众是水，党离开了群众，就不能存在。共产党人和老百姓应当始终亲密无间，须臾不离。

毛泽东相信人民，依靠人民，为人民的利益而斗争，全心全意为人民服务。他将个人的价值同民族命运的改变和人民苦难的拯救密不可分地联系在一起，始终站在底层社会大众的立场上，为解除民众的苦难而不懈奋斗。

1949年，当毛泽东在天安门城楼向全世界庄严宣告，“中国人从此站起来”的时候，“站起来了”的人民群众从灵魂深处发出了“毛主席万岁”的呼喊！

新中国成立后，毛泽东更是注重人民的生产生活。1955年，毛泽东同志主编《中国农村的社会主义高潮》一书，这本被称为“合作化运动百科全书”的材料书，共收集各地材料176篇，90多万字。毛泽东亲自为此书写过两篇序言，为104篇材料写了按语。这本书比较全面地反映了我国人民要求迅速摆脱贫困、使国家富强的美好愿望。据说，这本书出版时，毛泽东对他的秘书田家英说，他很高兴，1949年全国解放时，他都没有这样高兴过。他看到了合作化之快出乎他的意料，看到农业社会主义改造已获得成功，占全国人口绝大多数的农民群众开始建设社会主义新生活。毛泽东工作上为人民服务全心全意、倾尽全力、鞠躬尽瘁，生活上则以身作则，严于律己，从不搞特殊化，始终和人民打成一片。三年困难时期，他和全国人民一起过紧日子。

① 张志明、蔡小林、戴焰军主编：《央广公开课——中央党校专家学者讲党建》，人民出版社出2018年版，第110页。

② 《建国以来毛泽东文稿》第6册，中央文献出版社1992年版，第547页。

毛泽东为人民想得越多，做得越多，人民回报给他的思念、尊敬、崇拜也就越多。

邓小平同志是党的第一代中央领导集体的重要成员、第二代中央领导集体的核心。他对人民的深厚感情，首先来源于革命时期对人民力量的深刻了解。他是一位军人，参与了中国共产党领导的人民革命、人民战争，在人民军队中为新中国的诞生立下过赫赫战功，深知战争的伟力存在于人民之中。他在革命时期作过形象而生动的比喻，说“人民是一切的母亲”①。

邓小平对人民的深厚感情，在建设时期体现为全心全意为人民服务。他在1962年扩大的中央工作会议上，针对当时存在的问题就再次提醒全党同志：“不要以为自己有了权就好办事，有了权就可以为所欲为，那样就非弄坏事不可。”他说：“我们进了城，执了政，是做官呢，还是当人民的勤务员呢？这个问题是毛泽东过去多次讲过的。可以有两种态度：一种是做官，一种是当人民的勤务员。如果不是做官，而是当人民的勤务员，那就要以普通劳动者的面貌出现，要平等待人，要全心全意地为人民服务。”②

邓小平对人民的深厚感情，在改革开放新时期大放光芒。1982年，他在为英国培格曼出版社出版的《邓小平文集》所写的序言中说：“我是中国人民的儿子，我深情地爱着我的祖国和人民。”③

那时，他已经成为党的第二代中央领导集体的核心，把对人民的情感，体现在推动拨乱反正的历史进程中、体现在做出改革开放决策的伟大实践中。党和国家的工作重心转移到经济建设上来，中国现代化建设“三步走”战略目标的设计，改革从农村到城市，开放从建立经济特区到全方位展开，中国特色社会主义道路的开创，中国社会生产力的迅速发展，老百姓生活明显改善，无不渗透着他对人民的一往情深。一直到1992年年初

① 《邓小平军事文集》第一卷，军事科学出版社、中央文献出版社2004年版，第283页。

② 《邓小平文选》第一卷，人民出版社1994年版，第303-304页。

③ 《邓小平年谱（1975—1997）》下卷，中央文献出版社2004年版，第714页。

发表南方谈话时，他还说中国穷了几千年了，不能再穷了，是时候富裕起来了。

江泽民对人民有着深厚感情，体现在他带领党中央和全国人民高举毛泽东思想、邓小平理论伟大旗帜，坚决走中国特色社会主义这条强国富民的道路，成功把中国特色社会主义推向21世纪；体现在抓住机遇，加快发展，确立社会主义市场经济体制的改革目标和基本框架，13年后人民生活总体上实现了由温饱到小康的历史性跨越；体现在做出加强党同人民群众联系的决议，要求全党实现好、维护好、发展好最广大人民根本利益；体现在国有企业改革进入攻坚期时建立职工社会保障体系，在长江等江河洪水肆虐、人民群众的生命财产面临重大威胁时亲临现场指挥；体现在推动亿万人民关心的香港澳门顺利回归祖国，“东方之珠”奔向了母亲深情的怀抱，“一国两制”实践焕发光芒；体现在及时制定可持续发展战略、科教兴国战略、西部大开发战略，使中国的发展可持续、有活力潜力、有公平正义；体现在提出并推进“党的建设新的伟大工程”，提出“三个代表”重要思想，无论是代表中国先进生产力要求、中国先进文化要求，还是代表中国最广大人民利益，无一不是涉及人民切身利益，饱含对人民的深情厚谊。

胡锦涛担任党的总书记不久，就鲜明地提出：“权为民所用，情为民所系，利为民所谋！”以胡锦涛同志为主要代表的中国共产党人，就是按照这样的要求和标准对待人民群众的。当2003年面对突如其来的“非典”疫情，胡锦涛指挥若定，率领党中央和人民群众一起战胜疫情，共同筑起了一道防止疫情蔓延的钢铁长城。2008年面对突如其来的汶川大地震，胡锦涛第一时间向全国发出总动员令，党政军各级领导和社会各界齐心协力救灾，最大规模的抗震救灾行动充分展示了社会主义制度优势。面对中华人民共和国成立以来农业支持工业发展，开始实施以工业反哺农业政策，建设社会主义新农村，出台系列强农惠农富农政策，停止征收农业税。面对各地在加快改革发展中突显的各种矛盾和纠纷，提出实现经济社会科学发展，建设社会主义和谐社会，尊重保障人权入宪、农村免费义务教育、物权法出台、城镇和农村医疗保险、农民工最低工资标准、僵尸企业职工安置兜底等。新世纪党和政府采取的应对突发事件举措和实行的一系列重大民生政策，得到广大人民拥护，体现了胡锦涛的人民情怀，引起全球瞩目。

习近平总书记是新时代党中央的核心、全党的核心。习近平总书记是从人民中走出来的党的领袖，总是把人民放在心中最高位置，在系列重要讲话和国内外考察中，“人民”一词被提及的频率最高，分量也最重。“人民对美好生活的向往就是我们的奋斗目标”[①]“人民是我们党执政的最大底气，是我们共和国的坚实根基”[②]“时代是出卷人，我们是答卷人，人民是阅卷人”[③]“我的执政理念，概括起来说就是：为人民服务，担当起该担当的责任”[④]“我将无我，不负人民”[⑤]。

习近平总书记对人民的深厚感情，首先来源于良好的家风和青年知青岁月的锻炼。家庭是社会的基本细胞，是人生的第一所学校，家庭家教家风对个人成长非常重要。习近平总书记的父亲习仲勋是老一辈无产阶级革命家，是陕北根据地的创造人之一，在延安时期被毛泽东称赞为“从群众中走出来的群众领袖”。习近平同志从政后，习仲勋曾对儿子说，不管你当多大的官，不要忘记勤勤恳恳为人民服务，真真切切为百姓着想，要联系群众，要平易近人。习近平总书记说：“希望从父亲这里继承和吸取的宝贵与高尚品质很多”，其中之一便是“赤子情怀”。

1969年，不满16岁的习近平从北京来到梁家河大队插队。在陕北做

① 《习近平谈治国理政》第四卷，外文出版社2022年版，第58页。
② 《习近平谈治国理政》第三卷，外文出版社2020年版，第137页。
③ 《习近平谈治国理政》第三卷，外文出版社2020年版，第70页。
④ 《习近平谈治国理政》第一卷，外文出版社2018年版，第101页。
⑤ 《习近平谈治国理政》第三卷，外文出版社2020年版，第144页。

知青、当农民7年，他与黄土高原淳朴乡亲摸爬滚打在一起、同吃同住同劳动，不仅和当地老百姓结下了深厚情谊，也深切了解到什么是中国的农村、什么是老百姓的喜怒哀乐、什么是中国的基本国情。那时，习近平同志就知道老百姓最缺少什么、最需要什么、最期待什么，这促使他尽力为乡亲们多办些实事。他组织带领群众修道路、打淤地坝、办铁业社、建代销点、打大口井、发展沼气，改变村里面貌。多年后习近平同志说，上山下乡的最深刻体会："深入基层不放松，立根原在群众中；千磨万击还坚劲，任尔东西南北风。"基层离群众最近，最能磨炼人。7年多上山下乡的经历使习近平同志获益匪浅，同群众结下了深厚的情谊，为成长进步打下了比较好的基础。

习近平总书记对人民的深厚感情，体现在他执政为民的理念和实践中。从陕北梁家河到河北正定，从福建到浙江、上海、北京，再到当选中共中央总书记、国家主席、中央军委主席，习近平同志走到哪里，心里始终装着人民，时刻把人民幸福作为"国之大者"。20世纪80年代初，习近平同志走上地方领导岗位，担任正定县委书记。这位年轻干部的作风令人耳目一新。"从不在办公室闲坐"是那时很多人对习近平同志的印象。据当年县委办干部回忆，习近平同志经常带着县委工作人员搞调查，"特别选在县城大集的时候，在大街上摆上桌子，拉着来赶集的老百姓做调查"。

1989年12月，时任宁德地委书记的习近平与群众一同劳动，留下一张照片，手握肩扛锄头的动作几乎与劳动群众一模一样。习近平同志在担任福州市委书记时，提高市机关效能建设，与人民群众利益密切相关的工作要"马上就办、真抓实干""一栋楼办公"。习近平同志担任福建省省长时，采取有效措施解决下岗职工、贫困农民的实际困难，解决人民群众的就业、子女入学、看病、住房、社会治安等方面实际问题，被福建人民称为"百姓省长"。从党的十八大至2022年元月，习近平总书记第十年在春节前看望慰问基层干部群众，给千家万户送去新春的美好祝福。

习近平总书记带领全党全国人民坚持改革开放、打赢脱贫攻坚战、推进乡村全面振兴、落实全过程人民民主、深化平安中国、践行生态保护、大力推动反腐倡廉等，目的都是为了让14亿多人民群众有获得感、幸福感、安全感。

习近平总书记对人民的深厚感情，在广大农民身上体现得淋漓尽致。中国革命是走了农村包围城市的道路。中国建设、改革也是从农村发起，进而影响全国。中国是农业大国，只有了解农民、农村、农业，才可以说真正了解中国国情。“心中为念农桑苦，耳里如闻饥冻声。”习近平总书记有着这种浓厚的“农民情结”。“我的爷爷也是农民，我的父亲是从农民走上革命道路的，我自己也去当了七年的农民。”对农民这种朴素的情感一直铭记在习近平总书记心里。也正是习近平总书记从最基层干起，与最基层的农民朝夕相处过，才有了对农民的深层理解和深厚感情。在陕北，习近平同志“看到了人民群众的根本，真正理解了老百姓”；在河北正定任职时，坚持解放思想、实事求是，减轻农民负担、率先在河北农村搞起“大包干”、发展多种经营，习近平同志实现了改善农民生活的承诺；在宁德担任地委书记，在1988年，习近平同志到宁德寿宁县最边远的山区下党乡考察时，跋山涉水，从早上七点半走到中午十二点多，乡里百姓说习近平同志是“到过这里最大的官”；时任福建省委副书记、担任福建省对口帮扶宁夏领导小组组长的习近平，深入西海固扶贫考察，真切感受到当地极端贫困的状况，直接推动闽宁开展对口帮扶，山海携手，闽宁协作探索出一条先富帮后富、逐步实现共同富裕的康庄大道。在担任福建省省长时，习近平同志跑遍乡村身体力行推行“四下基层”制度，率先抓林业承包制改革；2003年6月，在时任浙江省委书记习近平的倡导和主持下，浙江启动了“千村示范、万村整治”的富民工程，许多农村由此发生了翻天覆地的变化。走上国家领导人岗位后，习近平总书记心中最关心的是人民群众，特别是困难群众。习近平总书记总是不辞辛苦，密集调研，聚焦“两不愁三保障”突出问题，深入贫困地区，为如期全面打赢脱贫攻坚战指明方向；总是把脱贫攻坚作为心里最牵挂的事，每到一个地方都实地考察，和贫困群众、村民代表、基层干部等一起摆政策、聊变化、谋发展，带去党中央的关心和温暖。40多年来，习近平同志一直不忘来路，践行着自己的初心。

（四）勇于担当的政治品格

伟大的领袖应当具备哪些素质？不同国家不同时代对领袖素质的要求不尽相同，在这个国家是优秀的领袖，换成别的国家未必完全认同；不同时代的领袖展现不同风采，也具有鲜明的时代特性。可以说，不同的领袖素质千差万别，很难统一评判，却具有一般的共性。因此，伟大的领袖到底需要具备哪些素质呢？诸如远大的理想、坚定的意志、高超的本领、开阔的胸怀、踏实的作风、创新的思路、高尚的情操等，是大家对领袖素质的共识。

对伟大领袖来说，这些素质当然都是非常重要的，但笔者认为有一种素质是伟大领袖必备的，这就是勇于担当，胆识过人。这种素质在战争年代是伟大领袖必备的素质，在和平年代的伟大领袖也是必不可少的。

美国著名作家海明威将勇气定义为“重压之下的从容”。《毛泽东年谱》中记录湖南一师对胆识一词的解释：“如冒险进取，警备非常。”

毛泽东在湖南第一师范读书时，学校“开展考察学生德、智、体优秀的‘人物互选’活动，全校十一个班四百多人参加选举，选出三十四名。毛泽东得票最多，按考察内容独得六项优秀（包括敦品、自治、胆识、文学、才具、言语——引者注），其中，言语、敦品两项得票数第一，胆识项得票为他所独有”[①]。那年，毛泽东年仅24岁。

人们经常称毛泽东“浑身是胆”，但他的大胆却不是盲目蛮干，而是

① 《毛泽东年谱》第一卷，中央文献出版社2023年版，第26页。

他基于对情况的了解和事先的深思熟虑，谋定而后动。毛泽东的这种勇于担当、这种胆识过人，体现在中国革命和建设的方方面面，体现在内政、外交、国防各个领域，受到了党内成员和中国人民的称赞，受到了敌人的称赞，还受到了国外政要的称赞。

在中国共产党早期探索革命道路时，毛泽东坚持实事求是，坚持真理，为了党的事业发展，心底无私天地宽，即使被错误对待、被迫停职，也敢于同“左”倾错误、教条主义进行坚决斗争，终于带领全党历经艰难险阻找到了农村包围城市，最后夺取全国胜利的中国革命的正确道路。

在红军进行长征途中，前有天堑、后有追兵时，毛泽东坚持运用灵活机动的战略战术，指挥红军四渡赤水，摆脱了蒋介石军队的重重围剿，胜利到达陕北。两军相遇勇者胜。毛泽东的过人胆识和高超的指挥艺术在红军四渡赤水时表现得淋漓尽致。

抗日战争胜利后，中国共产党希望和平建国，中国人民盼望和平，苏美英三国也不赞成中国内战，蒋介石向延安接连三次电邀毛泽东去重庆“共同商讨”国事。毛泽东从中国实现和平民主的大局出发，置个人安危于不顾，亲赴重庆谈判。后来，蒋介石假谈判、真内战的面目暴露于世人面前。中国共产党站在人民立场，为人民争取和平，被迫反击国民党，全面内战爆发。国民党失掉民心，共产党赢得民心、赢得人民支持，加快了解放战争胜利进程。

新中国刚刚建立不久，朝鲜战争爆发。以美国为首的联合国军不顾中国政府的一再警告，悍然越过三八线，将战火烧到中朝边境的鸭绿江边，直接威胁新中国的国家安全和人民生命财产安全。新中国百废待兴，与武装到牙齿的联合国军作战，中国人民志愿军有多大胜算？战争是要死人的，战争是要烧钱的。中国需不需要、值不值得打这场战争？当时，中央政治局多次开会讨论，一些领导不同意中国出兵作战。毛泽东高瞻远瞩、耐心细致地说服他的战友们，中国应该答应朝鲜劳动党和政府请求，派遣中国人民志愿军入朝鲜作战。中央政治局在全面评估国内外形势后，作出了抗美援朝的历史性决策。正是抗美援朝的伟大胜利，打出了中国军威、国威，打出了新中国70多年和平。

邓小平是一代伟人，经历了跌宕人生，开创了伟大事业，建立了不朽功勋。他改变中国历史，泽被亿万人民，影响整个世界。毛泽东评价邓小平：敢决断，绵里藏针。在革命、建设和改革的整个岁月，邓小平都勇于担当、善于作为。

解放战争初期，为了粉碎国民党对山东和延安的重点进攻，特别是减轻延安的压力，刘邓大军遵照中央军委和毛主席的战略意图，在形势相当严峻、相当险恶的时候，勇担重担，坚决千里挺进大别山，在无后方作战的险境下，吸引和牵制更多的敌人，顺利实现了解放军战略反攻的任务。

20世纪五六十年代，在中苏两党谈判和斗争的时候，邓小平坚持捍卫中国共产党和中国人民的利益，同以“老子党”自居的苏联共产党进行了坚决斗争。在江西下放的邓小平1973年回北京前，毛泽东在重新启用邓小平的批示中，对邓小平与苏共开展的斗争给予了充分肯定。

在历史新时期，实现党和国家工作重点转移、作出改革开放重大决策时，由于不少人对什么是社会主义、怎样建设社会主义这一根本问题没有完全搞清楚，无论是对改革、建立社会主义市场经济，还是对开放、创办沿海经济特区，在初期都有过强烈的抵触情绪和反对意见。经过深入各地调查研究、了解实际情况后，邓小平作出坚持改革开放不动摇、坚持四项基本原则不动摇的指示，要求抓住机遇，加快发展，关键是发展经济。他在20世纪80年代初期是这么讲的，在1992年年初南方谈话时还是这么讲的。

1978年5月21日，邓小平在人民大会堂接见了美国国家安全事务助理布热津斯基。布热津斯基为邓小平风趣幽默的言谈折服，后来邓小平访美期间，他还专程在家设宴欢迎邓小平到来。布热津斯基在日记中坦言：别看邓小平身材矮小，胆识可大呢。他一下子就把我吸引住了。他生气勃勃，机智老练，思维敏捷，谈笑风生，气派很大，开门见山，一席话使我懂得了他在政治生涯中屡经浮沉而不倒的道理。更重要的是，他的胸怀和魄力给我留下了深刻印象。

江泽民是党的第三代中央领导集体的核心。他的担当作为，在他担任十三届中共中央政治局委员、中共上海市委书记时就非常突出。1989年春夏之交我国发生严重政治风波，江泽民拥护和执行党中央关于旗帜鲜明反对动乱、捍卫社会主义国家政权、维护人民根本利益的正确决策，紧紧依靠广大党员、干部、群众，有力维护上海稳定①。

江泽民在上海应对这次政治风波的经验和胆识，获得中央充分肯定。1989年6月，江泽民在党的十三届四中全会上当选为中共中央政治局常委、中央委员会总书记。在江泽民担任总书记的13年中，我国经历外有压力、内有困难的严峻时期，江泽民带领党的中央领导集体勇于担当，敢于作为的事例很多，这里略举两例说明。

在建立社会主义市场经济体制决策和实施中担当有为。20世纪50年代中期，中国建立社会主义制度。当时，如何在东方大国建设社会主义、什么是社会主义、怎样建设社会主义没有完全搞清楚，因此，我们党在探索中取得了一些成就，但是也犯了“大跃进”和“文化大革命”那样的重大错误，其中关于计划和市场的关系，就是我们党在探索社会主义道路过程中遇到的一个重大理论和实践问题。对于这个问题的争论，一直持续到1992年初邓小平视察南方和同年10月召开的党的十四大。党的十一届三中全会后，我们党对计划和市场关系的认识不断深化。党的十二大提出以计划经济为主、市场调节为辅。党的十二届三中全会通过的《关于经济体制改革的决定》，提出我国社会主义经济是“公有制基础上的有计划的商品

---

① 《江泽民伟大光辉的一生》，《人民日报》2022年12月3日，第1版。

经济”。党的十三大提出社会主义有计划商品经济的体制应该是计划与市场内在统一的体制。邓小平在南方谈话中强调：“计划多一点还是市场多一点，不是社会主义与资本主义的本质区别。计划经济不等于社会主义，资本主义也有计划；市场经济不等于资本主义，社会主义也有市场。计划和市场都是经济手段。”①这里讲的是党的正式文件中的一些提法，学术界、理论界的意见和提法更多。

那时，全党经过学习邓小平南方谈话精神，在计划和市场、建立新经济体制问题的认识上有一些新提法。大体有这么几种：一是建立计划与市场相结合的社会主义商品经济体制，二是建立社会主义有计划的市场经济体制，三是建立社会主义的市场经济体制。上述这几种提法，究竟哪一种切合我国经济实际呢？1992年6月9日，江泽民在指导起草十四大报告的过程中，主张我国经济体制改革的目标使用“社会主义市场经济体制”这一提法，觉得使用这个提法“是可以为大多数干部群众所接受的。虽然这是我个人的看法，但与中央一些同志交换过意见，大家基本上是赞同的。”②6月12日，邓小平同江泽民谈话，赞成使用“社会主义市场经济”这个提法。③同年10月，党的十四大报告正式把建立社会主义市场经济体制明确为我国经济体制改革的目标，并强调社会主义市场经济体制是同社会主义基本制度结合在一起的。

1993年11月，党的十四届三中全会通过《中共中央关于建立社会主义市场经济体制若干问题的决定》，勾画了建立社会主义市场经济体制的基本框架。这一重大理论突破，对我国改革开放和经济社会发展发挥了极为重要的作用。

军队、武警部队和政法机关停止经商活动中的远见卓识。从20世纪80

---

① 《邓小平文选》第三卷，人民出版社1993年版，第373页。

② 《江泽民文选》第一卷，人民出版社2006年版，第202页。

③ 《邓小平年谱》第五卷，中央文献出版社2020年版，第645页。

年代中期开始，为支援国家经济建设，军队开始从事生产经营活动以弥补军费不足，但随着时间发展，这一做法的弊端逐渐显现。它干扰了部队正常的军事训练和工作秩序，损害了军政军民关系，由此引发的经济犯罪和腐败问题也日益突出。

1989年11月20日，江泽民在担任中央军委主席后的第一次中央军委扩大会议上就指出："军队从总体上来说应该'吃皇粮'。搞'自我发展'、'自我完善'是行不通的，我一直是不赞成的。""军队不能走自己养自己的道路。如果把精力都放在经商赚钱上，这样下去是非常危险的。"①随后，他在不同场合多次强调"军队要吃皇粮"，但军队生产经营的规模仍然难以得到有效控制。

1998年7月，经江泽民提议，中共中央作出决定：军队、武警部队和政法机关一律不再从事经商活动。同年10月6日至7日，中共中央、国务院、中央军委在北京召开军队武警部队政法机关不再从事经商活动工作会议，要求军队武警部队政法机关必须停止一切经商活动，立即同所属单位办的一切经营公司彻底脱钩。经过全军上下5个月的共同努力，至12月15日，军队和武警部队落实不经商决策的工作按时完成。

军队、武警部队和政法机关停止经商活动，这是加强党的建设、政权建设和军队建设，从源头上预防和治理腐败的一项重大决策，有力地推动了全面从严治党、全面从严治军，有力促进了部队聚焦备战打仗主业，有力维护了军政军民团结和经济社会发展大局。

2002年11月，胡锦涛在党的十六届一中全会当选为中共中央政治局常委，中央委员会总书记。他担任中共西藏自治区党委书记时担当作为就充分显现。1988年，西藏拉萨市出现暴力事件，胡锦涛从中共贵州省委书记调任中共西藏自治区党委书记。国务院总理发布自1989年3月8日零时起，

① 《江泽民文选》第一卷，人民出版社2006年版，第78页。

在拉萨市实行戒严。这是新中国成立后第一次施行戒严令。胡锦涛坚决拥护国务院戒严令，依靠广大党员、干部和群众，有力维护拉萨市稳定。胡锦涛的斗争精神和斗争本领，获得了中央充分肯定。1992年10月，胡锦涛在党的十四届一中全会当选为中共中央政治局常委、中央书记处书记。他成为以江泽民同志为核心的党的第三代中央领导集体的重要成员，参与组织了许多重大斗争，积累了丰富的斗争经验。

以胡锦涛同志为总书记的党中央带领全国人民团结奋斗的10年中，沉着应对国际金融危机对我国的冲击、妥善处理一些地方出现的人民内部矛盾、帮助港澳走出金融危机影响、坚决反对“台独”分裂活动、应对钓鱼岛危机以及应对突如其来的非典疫情、汶川大地震的挑战，在新形势下坚持和发展中国特色社会主义。

在构建社会主义和谐社会中担当作为。党的十一届三中全会后，经过改革开放和现代化建设，我国社会总体上是和谐的，但是也存在不少影响社会和谐的矛盾和问题。主要是：城乡、区域、经济社会发展很不平衡，人口资源环境压力加大；就业、社会保障、教育、医疗、住房、安全生产、社会治安等方面关系群众切身利益的问题比较突出；不同阶层社会成员收入差距扩大，民主法制不健全，一些社会成员诚信缺失、道德失范；一些领导干部的素质、能力和作风与新形势新任务的要求还不适应；一些领域的腐败现象仍然比较严重。解决这些矛盾和问题，要求党和政府必须坚持以经济建设为中心，把构建社会主义和谐社会摆在更加突出的位置。

2004年9月，党中央在十六届四中全会提出了构建和谐社会的任务。2006年10月，党的十六届六中全会通过的《中共中央关于构建社会主义和谐社会若干重大问题的决定》，对构建社会主义和谐社会作出全面部署。党的十六大以后的10年，我国在构建社会主义和谐社会方面出台了许多实质性举措，和谐社会建设取得重大进展。比如，统筹城乡发展，出台系列强农惠农富农政策，以工业反哺农业和城乡一体化为内核的新“三农”政策体系逐步确立，社会主义新农村建设取得举世瞩目的成就。2006年1月1日起，废止征收农业税，减轻农民负担，在中国有2600多年历史的农业税正式退出历史舞台。比如，高等教育招生扩大，2011年，全国普通高等教育本专科在校生2309万人，比2000年增加1405万人。比如，城乡就业人数增加，2011年末，我国城乡就业人数达到7.6亿人，比2002年增加3140万人。比如，建设和健全覆盖全国的公共卫生和疾病防控体系，人民群众健康权益得到保障。积极推进医疗卫生体制改革，切实缓解“看病难”“看病贵”问题。加强公共卫生体系建设，城乡居民受到更加均等化的基本公共卫生服务，国民健康指标持续改善。再比如，加大社会保障制度建设方面作出一系列重大部署，至2012年，新型农村合作医疗、城镇居民基本医疗保险、城镇职工基本医疗保险3项基本医疗保险制度参保覆盖率超95%，参加人数超过13亿人。从“小病靠扛，大病看天”，到社会保障全覆盖，中国正向着人人享有社会保障的目标迈进。

在应对突发公共安全事件和战胜重大自然灾害中敢作敢为。在胡锦涛担任中共中央委员会总书记期间，我国先后成功应对了突发公共安全事件、战胜了若干重大自然灾害。2003年春，我国夺取了防治非典工作的重大胜利，并在抗击非典的过程中逐步建立起统一、高效、有权威的突发公共卫生事件应急处理机制。2008年，我国先后战胜了特大雨雪冰冻灾害和震惊世界的四川汶川里氏8.0级特大地震。2010年，我国战胜青海玉树强烈地震和甘肃舟曲特大山洪泥石流灾害。2013年、2014年，我国先后战胜四川雅安芦山地震和云南昭通鲁甸地震等自然灾害。

习近平同志出生于革命家庭，为党和人民勇于担当的品格非常突出。2012年11月15日，党的十八届一中全会选举习近平为中共中央政治局常委、中央委员会总书记。习近平总书记在十八届中央政治局常委同中外记者见面时的重要讲话中，反复强调的一个主题是责任，把“全党同志的重托，全国各族人民的期望”，看作“我们肩上的重大责任”“对民族的责任”“对人民的责任”“对党的责任”。习近平总书记不仅是这么承诺的，而且是这么抓落实的。

面对我国改革开放进入攻坚期和深水区，矛盾大、问题多、攻坚难，以习近平同志为核心的党中央没有知难而退、没有回避矛盾，而是以巨大的政治勇气全面深化改革，带领人民发扬新时期改革创新精神，继续冲破思想观念束缚，重点突破利益固化藩篱，坚决打响改革攻坚战、堡垒战。新时代改革攻坚，各领域基础性制度框架基本建立，许多领域实现历史性变革、系统性重塑、整体性重构，各种体制机制充满生机活力。

党中央和中央军委狠抓全面从严治军，在古田召开全军政治工作会议，以整风精神推进政治整训，牢固树立战斗力这个唯一的根本的标准，重构人民军队领导指挥体制、现代军事力量体系、军事政策制度，人民军队体制一新、结构一新、格局一新、面貌一新。

面对2019年香港修例风波引发的局势动荡变化，中央政府依照宪法和香港基本法有效实施对特别行政区的全面管治权，制定实施香港特别行政区维护国家安全法，完善香港选举制度，深入推进粤港澳大湾区建设，香港局势实现由乱到治的重大转折。这就从制度上、从根本上为保持香港繁荣稳定奠定了扎实基础。香港局势转危为机，充分显示出以习近平同志为核心的党中央处理复杂问题的巨大勇气和政治智慧。

面对一度出现的管党不力、治党不严问题，一些党内突出问题没有得到及时有效解决，严重损害了党的执政基础时，习近平总书记以“得罪千百人，不负十四亿”的使命担当祛疴治乱，果断作出全面从严治党战略部署，以改进党的作风为切入口，牢牢抓住政治建设这个党的根本性建设，坚决改变管党治党宽松软状况，推进正风肃纪、反腐惩恶，党内政治生态明显好转。2020年年底，国家统计局调查显示，95.8%的群众对全面从严治党、遏制腐败充满信心，比2012年提高了16.5个百分点。这样的民心，是对全面从严治党成绩最真实的检验。

（五）维护领袖权威

从中国共产党百余年中三次中央全会所做的三个历史决议看，对党的领袖的评价是比较客观的、科学的，是经得起历史检验的，充分展现了中国共产党的伟大和成熟。

1945年，党的六届七中全会通过的第一个历史决议——《关于若干历史问题的决议》，使全党对中国革命基本问题的认识达到一致，“全党已经空前一致地认识了毛泽东同志的路线的正确性，空前自觉地团结在毛泽东的旗帜下了”。决议对前期党的一些犯过错误的领导评价也是留有余地的，不仅从个人主观因素分析，而且更多从中国革命客观条件找原因。

1981年，党的十一届六中全会通过的第二个历史决议——《关于建国以来党的若干历史问题的决议》，科学评价毛泽东的历史地位和毛泽东思想，又实事求是地指出毛泽东晚年错误。

2021年11月，党的十九届六中全会通过的第三个历史决议——《中共中央关于党的百年奋斗重大成就和历史经验的决议》，认为前面两个历史决议基本解决了从建党到改革开放之初，党的历史上的重大是非问题，其基本论述和结论至今仍然适用。改革开放以来，尽管党的工作中出现过一些失误，但总体上党和国家事业发展顺利，前进方向正确，成就举世瞩目。这次《决议》用较大篇幅总结党的十八大以来的原创性思想、变革性实践、突破性进展和标志性成果。

综观当今世界，西方政党政治正在发生重大而深刻的变化。这些年来，西方国家政党政治发展“离经叛道”，猛烈冲击欧美政治主流，颠覆西方价值观念，引起世人瞩目。党派斗争疯狂、权力频繁更迭、制度备受质疑、社会惨遭撕裂、民意很难把握，未来政党发展、政策走向、政局变化存在很大的“不稳定性”“不确定性”。

最典型的是美国共和党和民主党斗争非常激烈。前总统特朗普不承认2020年美国总统竞选结果。2021年1月针对国会的暴力袭击，目的是阻止拜登胜选结果获得认证。共和党内部兴起拒绝接受选举失败的运动。2023年4月，特朗普被控34项罪名，美国政治被开了个很坏的头。2023年9月，众议院共和党领袖麦卡锡宣称将启动对拜登及其家人的调查。美国政治家和学者都表示美国政治正在衰败。

无论从国际共产主义运动实践看，还是从西方政党政治发展表现看，中国共产党坚决维护领袖权威的做法是科学的、是有远见的。《中共中央关于党的百年奋斗重大成就和历史经验的决议》，明确提出了坚持唯物史观和正确的党史观评价党的重要历史和领袖人物，坚决防止在重大问题上犯颠覆性错误。

当前，我们正面对世界百年未有之大变局，面对巨大风险挑战接踵而来的严峻国际形势，更需要深刻认识维护习近平总书记党中央的核心、全党的核心地位的极端重要性，要深刻领悟“两个确立”的决定性意义、做到“两个维护”，才能更好地增进党的团结统一，确保党始终总揽全局、协调各方，才能把我们这个世界上人口最多的国家治理好，使9900多万名党员、14亿多人口、56个民族同心同德为全面建设社会主义现代化国家而不懈奋斗。

三、主义

党的二十大报告强调，马克思主义是我们立党立国、兴党兴国的根本指导思想。实践告诉我们，中国共产党为什么能，中国特色社会主义为什么好，归根到底是马克思主义行，是中国化时代化的马克思主义行。人民性是马克思主义的本质属性。党的理论是来自人民、服务人民，经受人民阅评、接受实践检验。要继续推进实践基础上的理论创新，不断开辟马克思主义中国化时代化新境界。

（一）主义譬如一面旗子

中国共产党建党前夕，毛泽东就指出：革命的人们要实行“主义的结合”。他说：“主义譬如一面旗子，旗子立起来了，大家才有所指望，才知所趋赴。”[①]有所指望，回答向何处去；知所趋赴，回答走什么路。中国共产党人立起的旗子，就是马列主义。在中国共产党之前，许多仁人志士和政治团体寻找和立起过多种旗子，都没有能够指引人们找到救中国的正确方向和道路。中国人民找到马列主义，中国的面貌就焕然一新。

马克思主义具有强大的真理力量。以马克思主义经典著作《共产党宣言》为例，它第一次用唯物史观揭示了人类社会发展规律，全面阐述了科学社会主义原理，强调通过无产阶级革命，最终消灭一切阶级，实现共产主义；昭示共产党人没有任何同整个无产阶级的利益不同的利益，无产阶级的运动是绝大多数人的、为绝大多数人谋利益的独立的运动；等等。它一经问世就震惊了世界，犹如黑暗中的一支火炬，照亮了人类前行的方向，改变了人类的历史进程。中国共产党早期主要创立者，许多都是受《共产党宣言》的影响坚定了马克思主义信仰。

毛泽东终身酷爱读书且最爱《共产党宣言》。在他的一生中，读的遍数最多、读得最熟、读的时间最长的一本书就是《共产党宣言》。1920年，毛泽东在北京大学图书馆工作时，首次看到陈望道翻译的《共产党宣言》，才知道人类有史以来的历史是阶级斗争的历史，阶级斗争是人类社会发展的动力，初步学到认识问题的方法论，建立起对马克思主义的信仰。1939年年底，他说《共产党宣言》读了不下一百遍，后来的几十年里，

① 《毛泽东年谱（1893—1949）》上卷，中央文献出版社1993年版，第71页。

他每年都把《共产党宣言》读几遍。从1920年到1976年，从青年到晚年，一直到生命的最后岁月，他对《共产党宣言》始终爱不释手，且多种版本长期放在他的床上、书架上，以便他随时翻阅。曾作为毛泽东英文秘书的林克回忆说："毛主席想学一些马列主义经典著作的英文本，第一本选的就是《共产党宣言》，这本书的文字比较艰深，而且生字比较多，学起来很困难。但是他的毅力非常顽强。我发现他在《共产党宣言》的第一页到最后一页，全部都用蝇头小字密密麻麻地注得很整齐，很仔细。"[①]20世纪90年代，笔者在中共中央机关工作时，有一次周末参加单位党组织活动，参观中央档案馆，就在档案馆陈列室里看过毛泽东晚年学习英文版的《共产党宣言》，在这本书上他写了密密麻麻的英文单词。

毛泽东不仅自己读《共产党宣言》，而且多次号召全党读马列著作，其中每次都有《共产党宣言》。他这样做的目的是希望用《共产党宣言》等马列经典著作精神武装全党，找到解决中国革命和建设中出现问题的思路、途径和力量。

1945年4月24日，毛泽东在党的七大会议上谈到重视理论工作者问题时指出："我们应该重视理论工作者，应该重视理论。列宁说过：'没有革命的理论，就没有革命的运动。'因此我们党内要学习理论。从前我在六中全会上讲过，我们党的理论水平是很低的，现在比较过去是高了一些，但是还不够。现在我们党当然有些进步，但从中国革命运动的要求来说，我们的理论水平还不够。革命要求我们能说明中国的革命运动，说明这个运动的各个方面，说明它的内部联系，包括军事、政治、文化、经济，整个革命工作的各个侧面及其内部联系，并总结经验，把它提高起来，使之条理化、系统化。什么是理论？就是有系统的知识。马列主义的理论，就

① 林克：《真理的召唤》，《人民日报》1990年8月15日，第5版。

是以马克思主义为基础的有系统的知识。”[①]毛泽东认为，马、恩、列、斯的书多得很，提议读以下五本书，就差不多了。

1.《共产党宣言》（马克思、恩格斯著）；

2.《社会主义从空想到科学的发展》（恩格斯著）；

3.《社会民主党在民主革命中的两种策略》（列宁著）；

4.《共产主义运动中的“左派”幼稚病》（列宁著）；

5.《联共（布）党史简明教程》[斯大林审阅，联共（布）中央特设委员会编]。

1949年3月，经毛泽东审定，中共七届二中全会决定干部学习的12本马列主义著作书目。3月13日，毛泽东在全会结束时作的总结讲话中说：“关于十二本干部必读的书，过去我们读书没有一定的范围，翻译了很多书，也都发了，现在积二十多年之经验，深知要读这十二本书，规定在三年之内看一遍到两遍。……如果在今后三年之内，有三万人读完这十二本书，有三千人读通这十二本书，那就很好。”[②]由毛泽东起名的“干部必读”12本马列主义著作，在一个比较长的时期内，一直是干部学习马列主义的基本教材。

1.《社会发展史》（解放社编）；

2.《政治经济学》（〔苏联〕列昂节夫著，解放社译）；

3.《共产党宣言》（马克思、恩格斯著）；

4.《社会主义从空想到科学的发展》（恩格斯著）；

5.《帝国主义是资本主义的最高阶段》（列宁著）；

6.《国家与革命》（列宁著）；

7.《共产主义运动中的“左派”幼稚病》（列宁著）；

---

① 《毛泽东文集》第三卷，人民出版社1996年版，第341–342页。

② 《毛泽东文集》第五卷，人民出版社1996年版，第261页。

8.《论列宁主义基础》（斯大林著）；

9.《联共党史》[斯大林审阅，联共（布）中央特设委员会编]；

10.《列宁斯大林论社会主义建设》（解放社编）；

11.《列宁斯大林论中国》（张仲实、曹葆华校译）；

12.《思想方法论》（马恩列斯思想方法论编辑委员会编）。

改革开放新时期，中央号召全党学习马列主义著作，精选了马克思主义经典原著，当然包括《共产党宣言》。

2011年，中国共产党建党90周年，由中央组织部、中央宣传部、中央编译局编选（编写）出版了《马列主义经典著作选编（党员干部读本）》和《马列主义经典著作选编学习导读》。这两本书继承和发扬了我们党自延安时期起一直至改革开放新时期精选精读马克思主义经典原著的好传统，又根据新的历史时期理论发展的新情况、党员思想的新变化大胆创新。这两本书，收入了马克思、恩格斯、列宁最具代表性的著作。马克思、恩格斯的《共产党宣言》和《德意志意识形态》，马克思的《国际工人协会共同章程》《法国工人党纲领导言（草案）》《〈政治经济学批判〉导言》《〈政治经济学批判〉序言》《工资、价格和利润》《资本论》，恩格斯的《反杜林论》《社会主义从空想到科学的发展》《自然辩证法》《路德维希·费尔巴哈和德国古典哲学的终结》，列宁的《唯物主义和经验批判主义》《谈谈辩证法问题》《国家与革命》《怎么办？》《共产主义运动中的"左派"幼稚病》《论粮食税（新政策的意义及其条件）》等。

2018年4月，习近平总书记在十九届中央政治局第五次集体学习时强调，今天我们重温《共产党宣言》，就是要把《共产党宣言》蕴含的科学原理和科学精神运用到统揽伟大斗争、伟大工程、伟大事业、伟大梦想的实践中去，不断谱写新时代坚持和发展中国特色社会主义新篇章。

中共中央党校（国家行政学院）和地方各级党委党校（行政学院）按照习近平总书记和党中央的要求，把《共产党宣言》《资本论》《路德维希·费尔巴哈和德国古典哲学的终结》《论粮食税（新政策的意义及其条件）》等作为党校学员必须学习的马克思主义经典著作，让中国共产党人不断汲取思想营养，感悟真理力量，为中国人民谋利益接续奋斗、勇往直前。

百余年来，中国共产党坚持把马克思主义同中国革命、建设和改革的具体实际相结合，不断推动马克思主义中国化时代化。中国共产党不断丰富和发展中国化的马克思主义，用与时俱进的科学理论回答了“中国向何处去、社会主义向何处去”的中国之问、世界之问、人民之问、时代之问。这些重大理论创新成果，都鲜明地写在中国共产党的旗帜上。

（二）毛泽东思想体现人民性

在毛泽东思想指引下，党领导人民自力更生、发奋图强，创造了社会主义革命和建设的伟大成就。

第一，中国共产党的性质和宗旨。1935年12月，中共中央政治局讨论通过的瓦窑堡会议决议明确指出“中国共产党是中国无产阶级的先锋队”，“同时中国共产党又是全民族的先锋队”。这“两个先锋队”是中国共产党章程关于自身性质一以贯之的界定，体现了中国共产党党性和人民性的统一。

第二，“一切为了群众”是全党工作的出发点和落脚点。毛泽东在1945年《论联合政府》中指出：“全心全意地为人民服务，一刻也不脱离群众；一切从人民的利益出发，而不是从个人或小集团的利益出发；向人民负责和向党的领导机关负责的一致性；这些就是我们的出发点。”[①]“全心全意地为人民服务”的宗旨，始终高举“人民利益高于一切”“让人民当家作主”的正义大旗，这是过去任何一个时代所望尘莫及的。

第三，始终相信人民、依靠人民。毛泽东指出：“人民，只有人民，

① 《毛泽东选集》第三卷，人民出版社1991年版，第1094–1095页。

才是创造世界历史的动力。”[①]“战争的伟力之最深厚的根源，存在于民众之中。”“兵民是胜利之本。”正因为依靠人民的支持，中国抗日战争取得了伟大胜利，解放战争三四年间就胜利了。

第四，坚持党的群众路线和群众工作方法。“从群众中来，到群众中去”同实践与认识的循环往复过程具有高度的一致性，正是在对真理绝对性和相对性辩证统一的认识过程中，共产党人才能做到坚持真理性认识，不断修正各种错误认识。同时，强调只有实现和群众相结合，才能从群众中汲取智慧和力量，从而克服各种官僚主义、主观主义和命令主义，才能最终成功完成各项工作，这就成为领导干部最基本的群众工作方法。

第五，坚持实事求是，从中国具体实际出发，探索正确的革命道路。经过北伐战争和土地革命战争，中国共产党团结带领人民历尽艰辛在“一国之内，在四周白色政权的包围中”，建立一小块或若干小块红色政权，开辟了农村包围城市、武装夺取政权的正确革命道路。这是世界各国从来都没有的事。

第六，强调“要搞联合，搞团结，团结才有力量，大团结就是大力量”。我们党成功地运用统一战线把中国各族人民团结在党的周围，实现了我国历史上空前的强大团结。

第七，中国共产党领导的工农红军、八路军、新四军和解放军都是人民军队，是为着最广大人民战斗的、绝对听从党指挥的、完全新型的人民军队，是全心全意为人民服务的子弟兵。没有这样一支人民的军队，就不可能有民族独立、人民解放和国家富强、人民幸福。

第八，提出适应中国新民主主义革命阶段和农村环境下建设马克思主义政党的特殊艰巨性，需要进行“党的建设伟大工程”。我们党团结带领中国人民进行28年的浴血奋斗，很快发展成为中国人民前所未有的领导力

① 《毛泽东选集》第三卷，人民出版社1991年版，第1031页。

量，成为中国人民的领路人、大救星和主心骨。

第九，中国共产党在毛泽东思想的指引下团结带领广大人民建立人民当家作主的新中国，彻底结束了旧中国极少数剥削者统治广大劳动人民的历史，彻底结束了帝国主义、殖民主义奴役中国各族人民的历史，实现了中国几千年封建专制政治向人民民主的伟大飞跃，实现了人民当家作主。国家主权独立、民族解放、人民安全有了保障。

第十，团结带领中国人民完成了社会主义革命，创造性地开辟了一条具有中国特色的对农业、手工业和资本主义工商业进行社会主义改造的道路，在中国这样一个东方大国建立起亿万人民向往的社会主义基本制度，完成中华民族有史以来最为广泛而深刻的社会革命。

第十一，深刻指出我国社会主义社会依然存在着生产关系与生产力、上层建筑与经济基础之间的矛盾；提出统筹兼顾“十大关系”与正确区分和处理两类不同性质的社会矛盾，是中国共产党执政后处理复杂社会矛盾的基本方针。这是为了调动一切积极力量，建设社会主义的战略方针。

第十二，团结带领中国人民推进社会主义建设，建立了独立的、比较完整的工业体系和国民经济体系；农业生产条件发生显著改变，生产水平有了很大提高；教育、科学、文化、卫生、体育事业有很大发展，改变了中国“一穷二白”的面貌，为中国发展富强、中国人民生活富裕奠定了坚实基础。

（三）邓小平理论体现人民性

中国社会主义革命和建设的胜利，是以毛泽东同志为主要代表的中国共产党人把马列主义同中国革命和建设实际相结合的结果。“文化大革命”结束后，面对长期“左”的错误给国民经济带来的严重破坏，面对世界经济快速发展、科技进步日新月异的国际形势，在党和国家向何处去的重大历史关头，以邓小平同志为主要代表的中国共产党人，从社会主义初级阶段的实际出发，党的十一届三中全会果断结束“以阶级斗争为纲”，作出了党和国家工作中心转移到经济建设上来、实行改革开放的历史性决策，实现了新中国成立以来党的历史上具有深远意义的伟大转折。中国共产党团结带领全党全国各族人民，围绕什么是社会主义、怎样建设社会主义这一根本问题，深刻总结新中国成立以来正反两方面经验，借鉴世界社会主义历史经验，创立了邓小平理论。邓小平是这一理论的主要创立者。邓小平理论明确提出走自己的路、建设中国特色社会主义的科学论断，成功开创了中国特色社会主义，体现了人民性。

邓小平理论体现人民性。邓小平理论内含丰富、影响深远，充满着对人民的挚爱，是对毛泽东思想人民性的继承和发展。

第一，丰富了对人民群众内涵的认识。以往，人民群众主要指工农兵，毛泽东认为兵民是胜利之本，工农是革命的主力军。邓小平重视工人、农民社会主义建设者的身份，但是强调科学技术是第一生产力，高度重视知识分子在发展生产力中的突出作用，进行教育体制、科技体制改革，倡导尊重知识、尊重人才。

第二，拓宽了对人民群众利益的理解。毛泽东高度重视人民群众的生产、生活以及各种物质利益问题。邓小平全面继承了这一传统，并把它置于重要位置，果断地将党和国家工作中心由阶级斗争转向经济建设，发展经济，改善人民生活。在与国际比较中，更加注重人民群众的生存、生活和发展的权利，提出要赶上时代。

第三，规划了我国社会主义现代化建设的战略目标。邓小平总结经验，提出中国式的现代化论断，制定从20世纪80年代开始到21世纪中叶的分“三步走”的战略目标，依次为解决人民温饱问题、人民生活总体上达到小康水平、达到中等发达国家水平。这是我们党向全国人民、向历史作出的庄严承诺，是全国人民的共同期盼。

第五，高度尊重人民群众的首创精神。邓小平对人民群众的发明创造给予高度支持，如对家庭联产承包责任制、乡镇企业制度、深圳特区建设这些各地创造的经验，都予以高度肯定并向全国推广，不断将党坚持为人民服务的根本宗旨和贯彻党的群众路线的优良传统引向深入。

第六，强调人民评价是衡量各项政策好坏的根本标准。邓小平认为，人民拥护不拥护、赞成不赞成、高兴不高兴、答应不答应是衡量我们一切工作得失的根本标准，强调人民是改革开放和现代化建设的主体，同时也是客体，是各项政策好坏的最终评判者。

第七，创新了克服官僚主义的方式方法。邓小平全面总结了过去的深刻教训，认为群众运动只是克服官僚主义的方式之一，在高度重视安定团结的同时，把建立和健全各种党内外法律法规和制度建设，视为落实群众路线的重要方法。

第八，加强对人民的思想政治教育。邓小平提出，要教育人民坚持四项基本原则；教育人民顾全大局，个人利益要服从国家利益、集体利益；加强对人民理想信念教育、爱国主义教育、党的历史教育、民主法制教育，坚决反对资产阶级自由化思潮；加强艰苦奋斗教育、党的纪律教育和廉洁政治教育，反对腐败现象。

（四）“三个代表”重要思想体现人民性

党的十三届四中全会以后，以江泽民同志为主要代表的中国共产党人，面对国内外形势十分复杂、世界社会主义出现严重曲折，团结带领全党全国各族人民，坚持党的基本理论、基本路线，加深了对什么是社会主义、怎样建设社会主义和建设什么样的党、怎样建设党的认识，形成了“三个代表”重要思想，推进党的建设新的伟大工程，成功把中国特色社会主义推向二十一世纪，体现了人民性。

比如，世纪之交，深刻把握世情、国情、党情的变化，提出加强“党的建设新的伟大工程”，提出“三个代表”重要思想，使人民群众不断获得切实的经济、政治、文化利益。我们党要始终代表中国先进生产力的发展要求，就是要通过发展生产力不断提高人民群众的生活水平；始终代表中国先进文化的前进方向，就是要促进全民族思想道德素质和科学文化素质的不断提高；始终代表中国最广大人民的根本利益，就是必须坚持把人民的根本利益作为出发点和落脚点，充分发挥人民群众的积极性、主动性、创造性，坚持立党为公、执政为民。强调提高党的领导水平和执政水平，保持和发展党的先进性，进一步明确了立党之本、执政之基、力量之源等一系列根本性问题。

又如，在深化改革、扩大开放伟大历史进程中，出现经济成分、就业方式、组织方式、利益分配方式和形式等日益多样化，强调把改革力度、发展速度，与社会可承受程度结合起来，保持社会稳定。同时，启动以职工养老保险、医疗保险为重点的社会保障制度改革，为下岗职工建立基本生活保障、失业保险、城市居民最低生活保障三条保障线。实施“菜篮子工程”“再就业工程”等民心工程。

再如，妥善处理地区、城乡、行业之间社会贫富差距急剧拉大的矛盾和人口、资源、环境的关系。实施西部大开发，缩小地区差别；实施扶贫攻坚，缩小城乡差别；调节收入分配，缩小行业差别；实施可持续发展战略，加强生态环境建设。

（五）科学发展观体现人民性

党的十六大以后，以胡锦涛同志为主要代表的中国共产党人，团结带领全党全国各族人民，在全面建设小康社会进程中推进实践创新、理论创新、制度创新，深刻认识和回答了新形势下实现什么样的发展、怎样发展等重大问题，形成了科学发展观，成功在新形势下坚持和发展了中国特色社会主义，体现了人民性。

比如，面对贫富差距拉大、资源消耗过快、环境污染严重等人民群众关心的重大切身利益问题，提出了全面、协调、可持续发展的理念，要求按照“统筹城乡发展、统筹区域发展、统筹经济社会发展、统筹人与自然和谐发展、统筹国内国外协调发展和对外开放”[①]的思想推进各项事业的改革。

又如，提出促进公平正义、保持良好秩序、维护和谐稳定的社会管理理念。强调实现社会和谐，建设美好社会，始终是广大人民群众梦寐以求的社会理想，中国共产党人必须最大限度地激发社会活力，增加社会和谐因素，以解决影响社会和谐稳定的突出问题为突破口，全面提高社会管理水平，实现好、维护好、发展好最广大人民的根本利益。

再如，出台一系列利民政策，特别是强农惠农富农政策，受到广大农民热烈欢迎。废止农业税及附加在农业税上的一系列地方性收费。要求坚决守住18亿亩耕地红线。城乡义务教育实现全部免除学杂费。农村居民积极参与农村合作医疗制度，城乡基本养老保险制度全面建立，全民医保基本实现，最低生活保障制度实现全覆盖。

（六）习近平新时代中国特色社会主义思想体现人民性

中国特色社会主义进入新时代，呼唤新思想引领新时代。世界正经历百年未有之大变局，呼唤新思想引领大变局。党在新时代面临新的“赶考”，呼唤新思想锻造强大政党。以习近平同志为主要代表的中国共产党人，坚持把马克思主义基本原理同中国具体实际相结合、同中华优秀传统文化相结合，深刻总结并充分运用党成立以来的历史经验，从新的实际出发，提出一系列原创性的治国理政新思想新战略，创立了习近平新时代中国特色社会主义思想，实现了马克思主义中国化时代化新的飞跃，体现了人民性。

党的十九大将习近平新时代中国特色社会主义思想写进党章，全国人

① 《胡锦涛文选》第二卷，人民出版社2016年版，第125页。

民代表大会将这一思想载入宪法，标志着我们党和国家的指导思想又一次实现了与时俱进。

习近平新时代中国特色社会主义思想是当代中国马克思主义、二十一世纪马克思主义。党的二十大用十九大、十九届六中全会提出的“十个明确”“十四个坚持”“十三个方面成就”概括了这一思想的主要内容，明确提出坚持人民至上、坚持自信自立、坚持守正创新、坚持问题导向、坚持系统观念、坚持胸怀天下的“六个坚持”是贯穿这一思想的世界观和方法论。这就与时俱进地拓展了这一思想的科学内涵，形成了这一思想全面系统完整的理论形态。这一思想的人民性体现在改革发展稳定、内政外交国防、治党治国治军实践的方方面面。

第一，在党的宗旨教育和作风建设中打牢为人民服务的根基。习近平总书记指出：“全党同志务必不忘初心、牢记使命。”坚持以广大人民群众最为关心的党的作风建设为抓手，党风民风社风发生重大转变。

第二，在坚持和发展中国特色社会主义实践中实现中华民族伟大复兴的中国梦。习近平总书记指出：“方向决定道路，道路决定命运。中国特色社会主义不是从天上掉下来的，是党和人民历尽千辛万苦、付出巨大代价取得的根本成就。”中国梦是国家的、民族的，也是每一个中国人的。国家好、民族好，大家才能好。人民是中国梦的主体，是中国梦的创造者和享有者，必须紧紧依靠人民来实现，必须不断为人民造福。

第三，在解决中国特色社会主义新时代的主要矛盾中逐步实现全体人民共同富裕。我们党的重大任务，不仅要关注人民物质文化生活的基本需要，而且要关注人民在民主、法治、公平、正义、安全、环境等方面日益增长的需要，更好地推动人的全面发展、社会全面进步，使全体人民共同富裕取得更为明显的实质性进展。

第四，在全面深化改革中给人民带来更多获得感、幸福感、安全感。要牢牢把握全面深化改革的正确方向，确定好改革重点、路径、次序、方法，使改革更加精准地对接发展所需、基层所盼、民心所向，做到“人民有所呼、改革有所应”，通过改革给人民群众带来更多获得感、幸福感、安全感。

第五，在坚定不移贯彻新发展理念中使人民共享发展成果。要坚定不移地贯彻创新、协调、绿色、开放、共享的新发展理念，引领我国发展全局发生历史性变革。要把以人民为中心的发展思想，体现在经济社会发展各个环节。

第六，在全面建成小康社会实践中让全体人民过上好日子。2021年7月1日，习近平总书记庄严宣布，我们实现了第一个百年奋斗目标，在中华大地上全面建成了小康社会，历史性地解决了绝对贫困问题。这在中华民族发展史上有里程碑意义。

第七，在健全人民当家作主制度体系实践中实现全过程人民民主。习近平总书记强调，全过程人民民主是社会主义民主政治的本质属性，是最广泛、最真实、最管用的民主。全面推进协商民主，积极发展基层民主。

第八，在建设社会主义法治国家实践中努力让人民群众感受到司法的公平正义。全面推进依法治国总目标是建设中国特色社会主义法治体系、建设社会主义法治国家。必须坚持人民主体地位，坚持法治为了人民、依靠人民、造福人民、保护人民。充分认识颁布实施民法典重大意义，依法更好保障人民合法权益，努力让人民群众在每一个司法案件中都能感受到公平正义。

第九，在弘扬社会主义核心价值观中不断满足人民精神文化需求。哲学社会科学工作者要坚持以人民为中心的研究导向，努力多出经得起实践、人民、历史检验的研究成果。党的文艺工作、新闻舆论工作要坚持以人民为中心的创作导向，满足人民精神文化需求。网信事业发展必须坚持以人民为中心，让亿万人民在共享互联网发展成果上有更多获得感。

第十，在提高保障、改善民生中努力增进民生福祉。就业是最大的民生，解决就业问题根本要靠发展。把教育放在优先发展位置，办好人民满意的教育。提高人民收入水平，让百姓的钱袋子鼓起来。社会保障要兜底，完善最低生活保障制度。推动养老事业发展。政府必须“补好位”，让全体人民住有所居。

第十一，在保障人民生命安全和健康生活中坚持人民至上、生命至上。习近平总书记指出，人民安全是国家安全的基石。没有全民健康，就没有全面小康。

第十二，在建设美丽中国实践中促进人与自然和谐共生。生态环境保护就是为民造福的百年大计。环境就是民生，青山就是美丽，蓝天也是幸福，绿水青山就是金山银山；像保护眼睛一样保护生态环境，像对待生命一样对待生态环境；绝不能以牺牲生态环境为代价换取经济的一时发展。

第十三，在把人民军队建设成为世界一流军队的新时代强军目标中确保国家安全、人民安全。习近平总书记指出，建设一支听党指挥、能打胜仗、作风优良的人民军队，是实现“两个一百年”奋斗目标、实现中华民族伟大复兴的战略支撑。人民军队始终是党和人民完全可以信赖的英雄军队。

第十四，在构建人类命运共同体中造福各国人民。习近平总书记指出，中国提出了全球发展倡议、全球安全倡议、全球文明倡议愿同国际社会一道努力落实。让“一带一路”把我国发展同沿线和世界各国发展结合起来，打造国际合作新平台，造福沿线各国人民。

第十五，在全面从严治党的伟大斗争中取信于民、赢得人心。习近平总书记强调，民心是最大的政治，正义是最强的力量。打铁必须自身硬。为政清廉才能取信于民，秉公用权才能赢得人心。深入推进反腐败斗争，落实管党治党政治责任，党找到了自我革命这一跳出治乱兴衰历史周期率的第二个答案，以伟大自我革命引领伟大社会革命，不断提高党的执政能力和领导水平，让人民群众增强对党和政府的信任。

以上十五条，未必全面，但每条无一不见证着习近平新时代中国特色社会主义思想是人民的理论，无一不见证着以习近平同志为核心的党中央坚持人民至上的治国理念和实际行动。

（七）开辟马克思主义中国化时代化新境界

马克思主义中国化时代化既是马克思主义自身发展的要求，又是中国共产党坚持和发展马克思主义的必然途径。只有把马克思主义基本原理同中国具体实际相结合、同中华优秀传统文化相结合，坚持运用辩证唯物主义和历史唯物主义，才能正确回答时代和实践提出的重大问题，才能始终保持马克思主义的蓬勃生机和旺盛活力。

开辟马克思主义中国化时代化新境界，必须坚持马克思主义基本原理同中国具体实际相结合。马克思主义能够在中国实现新的飞跃，最重要的经验之一就是运用马克思主义科学的世界观和方法论观察中国问题、研究中国问题、解决中国问题。过去，我们吃过靠背诵和重复其具体结论和词句来搞革命的亏，吃过把马克思主义当作一成不变的教条的亏。因此，新时代我们必须以中国式现代化的实际问题为中心，作出符合中国实际和时代要求的正确回答，创新理论成果，更好指导实践。

开辟马克思主义中国化时代化新境界，必须坚持马克思主义基本原理同中华优秀传统文化相结合。中国有5000多年连续不断的历史，中华民族创造了光辉灿烂的文化，中华文化主流一直是光明的、伟大的、有力量的，有足够的适应现代化、现代社会需要的内在元素和能力。延安时期，毛泽东已经开始探索这种结合，提出“从孔夫子到孙中山，我们应当给以总结，承继这一份珍贵的遗产”[①]。今天习近平总书记强调把马克思主义基

① 《毛泽东选集》第二卷，人民出版社1991年版，第534页。

本原理同中华优秀传统文化相结合，大大地强化了中国共产党和中华文明、中华民族的血肉联系，不断夯实马克思主义中国化时代化的历史基础和群众基础，让马克思主义在中国牢牢扎根。

习近平新时代中国特色社会主义思想是坚定自觉坚持和发展马克思主义的典范，是坚持“两个结合”、勇于推进理论创新的产物。

实践没有止境，理论创新也没有止境。不断谱写马克思主义新篇章，是当代中国共产党人的庄严历史责任。我们相信，只要运用马克思主义科学的世界观和方法论，在推进中国式现代化的历史进程中继续推进理论创新，坚持人民至上、坚持自信自立、坚持守正创新、坚持问题导向、坚持系统观念、坚持胸怀天下，就一定能够不断开辟马克思主义中国化时代化新境界，让马克思主义在中华大地展现出更加勃勃生机，更能给中国人民带来充满希望的光明前程。

四、制度

国家竞争的核心是制度竞争，制度是事关长远性、战略性的根本问题。中国特色社会主义制度充满着旺盛活力，呈现出勃勃生机，引起世界瞩目。

（一）国家竞争的核心是制度竞争

“凡将立国，制度不可不察也。”制度是指在一定条件下形成的经济、政治、文化、社会、生态文明、安全等方面的规范和准则。它是关系党和国家事业发展的根本性、全局性、稳定性、长远性问题。无论是中国传统上的辉煌还是近代西方国家的崛起都表明了一个道理，国家的崛起和民族的复兴，最主要的标志之一便是一整套新制度的确立和其所产生的外在影响力，即外部的崛起只是内部制度崛起的一个外延。

中华民族是伟大的民族，曾经创造了无与伦比的制度文明，成为世界上许多国家效仿的典范。中国从秦始皇以来几千年封建制度，没有发生根本性变化。中央集权制度是秦始皇创立的，史称“废封建，置郡县”。废除分土封侯制，实行郡县制，是中国古代国家制度的一大进步，对中央加强对地方管理、巩固国家的统一、促进社会经济与文化的发展，都起了重大作用，是建立中央集权制的根本性变革。

欧洲制度文明也是随着历史发展而不断变化。在中世纪欧洲，封建社会制度有它的合理性，土地分封是社会基础。但是，分裂状态阻碍社会经济发展，于是，社会就需要走向统一，民族国家成为趋势，出现强大的中央集权，专制王权出现了。可是，国家统一一旦形成，民族自立牢不可破，专制的力量却又成为国家前进的新阻力，于是资本主义新制度又产生了。

世界进入近代以后，西方社会发生一场影响深远的工业革命和制度革命。十二集大型电视纪录片《大国崛起》，以15世纪后陆续崛起的葡萄牙、西班牙、荷兰、英国、法国、德国、日本、俄罗斯、美国9个国家作为研究对象。500年来，世界舞台上演出一幕幕王雄称霸的正剧，你方唱罢，他又登场。这9个国家江山代代，各领风骚，在不同历史时期创造了属于自己的大国辉煌，同时给其他国家和民族带来不同程度的伤痛。我们从中可以看出，所有大国的崛起主要因素之一是因为它内部的国家制度的创新；所有大国的衰落，主要因素之一是因为相比于其他国家制度的创新，旧的制度不足以支撑大国发展的力量。

若比较中国和西方的近代发展史，一个突出的不同是在欧洲由封建社会进入资本主义社会，把世界制度文明推向前进时，中国仍然沉湎于“天朝上国”美梦，几千年沿袭下来的封建专制制度陷入全面危机，落后于时代发展的潮流，不适应工业化生产，在“洋枪洋炮”面前败下阵来。先进的中国人为了改变中国前途命运，开始探索新的国家制度，尝试了君主立宪制、议会制、多党制、总统制等各种制度模式，但都以失败告终。

中国共产党自成立之日起，就以建立先进的社会主义制度、共产主义制度作为奋斗目标。在革命时期，我们党在局部执政的根据地，探索了“分田地”“互助合作运动”“苏维埃共和国制度”“工农兵代表大会制度”“三三制”“豆选法”等蕴含社会主义制度因素的实践，为新中国建立人民当家作主的新型国家积累了宝贵经验。

在社会主义革命和建设时期，我们党团结带领人民制定《共同纲领》、1954年宪法，确定国体、政体、国家结构形式，建立起国家制度体系的“四梁八柱”，社会主义基本制度确立。

在改革开放和社会主义现代化建设新时期，资本主义制度和社会主义制度在竞争中的先发优势，使得有人认为“外国的月亮比中国圆”，一些人崇洋媚外，资产阶级自由化思潮盛行。一些人更迷信西方制度，以为移植了西方制度，就可以轻易强大。但恰恰这一点早已经被证明是失败的。第二次世界大战后，很多发展中国家简单地选择了西方制度，把西方制度机械地移植到自己身上。不仅没有促成当地社会经济的变化，反而阻碍着社会经济的发展。21世纪有的国家发生的颜色革命，简单套用西方那一套制度，最终都水土不服，无法让自己的国家真正强大起来。

我们党团结带领人民深刻总结“文化大革命”严重破坏制度的历史教训，借鉴人类优秀文明成果，积极探索什么是社会主义、怎样建设社会主义这个重大课题，开创了中国特色社会主义，不断完善中国特色社会主义制度体系和国家治理体系。

在新时代，我们党把制度建设摆在更加突出的位置，要求不失时机地深化重要领域的改革，构建系统完备、科学规范、运行有效的制度体系，使各方面制度更加成熟更加定型。党的十八届三中全会通过《中共中央关于全面深化改革若干重大问题的决定》，把“完善和发展中国特色社会主义制度、推进国家治理体系和治理能力现代化”确定为全面深化改革的总目标。党的十九届四中全会通过《中共中央关于坚持和完善中国特色社会主义制度　推进国家治理体系和治理能力现代化若干重大问题的决定》，聚焦坚持和完善支撑中国特色社会主义制度的根本制度、基本制度、重要制度，明确了各项制度必须坚持的根本点、完善和发展的方向，并作出工作部署。中国特色社会主义制度经受了全面从严治党、惩治腐败的考验，经受了全面深化改革和全面推进依法治国的考验。

新中国成立70多年来，我们党领导人民创造了世所罕见的经济快速发展奇迹，用几十年的时间走完了西方发达国家几百年走过的工业化过程，大踏步赶上时代。2021年我国国内生产总值达到114万亿，人均国内生产总值迈上1万美元的台阶，连续多年平均对世界经济增长贡献率超过30%。同时，我国社会保持长期和谐稳定奇迹，成为国际社会公认的最有安全感的国家之一。联合国有关机构数据显示，我国每10万人中命案发生不到1起，低于德国、英国、澳大利亚、加拿大、美国等西方发达国家，在世界主要国家中处于极低水平。实践证明，中国特色社会主义制度和国家治理体系是当代中国发展进步的根本保证，是具有强大的生命力和巨大优越性的制度和治理体系。

中国制度优势得到人民的热诚拥护，人民的支持使制度得以有效运作，它的有效性又加强了人民对它的拥护。这种制度得以把人民的主动性和积极性充分调动起来，并增进人民的团结，共同创造了人民幸福美好的生活。

美国前总统奥巴马说，美国正在衰败。一位有影响的美国人士认为，过去我们都认为世界上许多人羡慕美国，证明我们美国人的价值观、制度是世界上最好的，现在出了一个中国，价值观、制度都和美国不同，发展速度异乎寻常地快。这样世界上许多人开始把羡慕的目光投向中国，甚至开始向中国学习而不再只向美国学习，这才是我们美国人感受到的真正威胁。也就是说，美国人真正感到威胁的，是中国制度及其无形的影响力。

实践证明，制度是决定性因素。看不到中国的制度优势，既难以解释所取得的成就，也难以保障已经取得的成果，更难以实现未来可持续的发展，但同时制度建设也是最难的。今天中国的这一套制度来之不易，需要倍加珍惜。

（二）以人民为中心的制度

人民是中国制度和治理体系具有强大生命力的根本源泉。新中国是人民当家作主的国家，在国家制度体系中，基本经济制度、人民代表大会制度、民族区域自治制度、基层群众自治制度、文化权益保障制度、生态文明制度、民生保障制度和社会治理制度等，都鲜明地体现了人民至上的理念。可以说，中国共产党的一切执政活动，中华人民共和国的一切治理活动，都要尊重人民主体地位，尊重人民首创精神，拜人民为师。

坚持以人民为中心，既体现中国共产党“一切为了人民”的价值取向，又蕴含中国共产党坚持“全心全意依靠人民”的基本观点。世界上经济增长速度最快的大国，世界上享受最广泛最真实民主的大国，世界上最有安全感的大国之一，世界上最大的社会保障网，世界规模最大的教育体系，世界上减贫人口最多的国家……这些道出了亿万人民的无比喜悦，更激发起经济社会发展最广泛、最深厚的力量源泉。这同资本主义国家名义上“民有民治民享”、实质上“以资本为中心”有着本质的不同。

（三）集中力量办大事的制度

中国特色社会主义制度具有坚持全国一盘棋，调动各方面积极性，集中力量办大事的显著优势。在国家制度体系中，坚持党的集中统一领导，发挥总揽全局、协调各方的作用，具有超强的动员力、组织力、整合力和执行力。坚持公有制为主体、多种所有制经济共同发展，既能够有效激发各类市场主体活力和创造力，又能够充分调动各方面资源，很多生产资料是国家统一调配的，土地、大型工厂、医院、高铁、公路公共交通多是公有的。坚持社会主义制度和市场经济有机结合，既发挥市场在配置资源中这只“看不见手”的作用，做大“蛋糕”，又发挥宏观调控这只“看得见的手”作用，分好“蛋糕”，兼顾效率与公平。坚持以民主集中制为根本组织原则和领导制度，做到党员个人服从党的组织，少数服从多数，下级组织服从上级组织，全党服从中央。所有这些，都确保了全党、全社会能够做到上下一心，齐头并进，共同完成各项重大任务。

大江大河的治理、“两弹一星”工程的成功、三峡工程移民130多万、南水北调跨半个中国、高铁网东西南北纵横相通、扶贫攻坚40多年坚守等等，这些需要调动的资源和力量是难以想象的，西方国家很难做到。比如，西方政治制度搞立法、行政、司法三权分立，互相制衡，党派纷争激烈，否决政治盛行，许多议案毫无理由拖延，议而不决、决而不行。又如，2017年年初，美国竣工的最新一段纽约地铁，总长3.5公里，却修了84年，因为它涉及很多个体利益，政府也没办法。而中国一条地铁从立项规划到通车，可以只用不到5年时间，因为中国以国家利益、集体利益为优先，只要符合绝大多数人的利益，就能迅速执行下去。

（四）推进制度建设

制度具有根本性、全局性、稳定性和长期性的特点。早在1980年8月18日，邓小平在《党和国家领导制度的改革》一文中就深刻提出，中国社会主义制度比发达资本主义国家的制度优势要体现在经济上赶上发达国家，政治上创造比它们更高更切实的民主，造就更多更优秀的人才。从那时起到现在40多年过去了，我们党领导人民用实践作出了鲜明的回答，无论是经济上、政治上还是人才建设上，今天中国特色社会主义制度都比资本主义制度彰显出充分优势。但是，中国特色社会主义制度并不是十全十美，完美无缺，还存在短板和弱项，今后要在世界百年大变局中继续赢得竞争优势，仍然需要不断推进制度建设，“到二〇三五年，各方面制度更加完善，基本实现国家治理体系和治理能力现代化；到新中国成立一百年时，全面实现国家治理体系和治理能力现代化，使中国特色社会主义制度更加巩固、优越性充分展现”[①]。

中国特色社会主义制度历经70多年的艰辛探索、创新发展，终于形成了一个全面系统科学的制度，关键是毫不动摇地坚持、巩固、健全和发展。在推进制度建设实践中要坚持和加强党的领导不动摇，坚持和加强马克思主义指导地位不动摇，坚持和加强社会主义基本制度不动摇，确保中国社会主义事业不变色。在我国国家制度和治理体系中，很多制度都冠以“社会主义”的前缀。比如，社会主义市场经济、社会主义民主政治、社会主义先进文化等。“社会主义”规定了这些制度的方向和性质。2001年，中国加入世界贸易组织后，美国等西方国家竭尽全力对中国从经济上融合、政治上演变、战略上围堵、发展上牵制、形象上丑化。但是，中国制度从未朝着西方希望和设想的方向发展，这让西方彻底失望了。今后在前进的道路上，我们要进一步保持清醒头脑，增强制度自信，保持强大定力，坚持制度改革的正确方向，遵照国家制度体系和治理体系想问题、作决策、抓落实，一定会让中国特色社会主义道路越走越宽广。

任何制度都不是天生完善的，也不是一改定型、一劳永逸的，应随着时间、环境、条件的变化而作出相应的变革。苏联社会主义制度在第二次世界大战中充分显示了巨大优势，也有计划束缚性强等问题。苏联没有根据不断出现的新变化，主动调整制度中的不合理因素，结果使自身制度越来越僵化。20世纪80年代，苏联改革又偏离社会主义方向，犯了原则性、

① 《中国共产党第十九届中央委员会第四次全体会议文件汇编》，人民出版社2019年版，第22–23页。

颠覆性错误，终于在西方资本主义诱惑和欺骗中渐行渐远，处于劣势，最后被和平演变，淘汰出局，教训是十分深刻的。

美国政治制度曾经辉煌过，但200多年后的今天，美国政治制度已经越来越固化了。它使微弱的革新意愿变得不再可能，进而失去了解决结构性深层次问题的能力。比如，2022年5月24日，美国得克萨斯州南部尤瓦尔迪市一所小学发生枪击事件，造成包括18名儿童在内的21人死亡。美国前总统奥巴马5月25日在社交媒体发文回应此事时称，“我们的国家瘫痪了，不是因为恐惧，而是因为一个枪支游说集团以及一个没有任何行动意愿的政党”。6月2日，美国总统拜登就枪支暴力问题发表公开讲话时说，枪击已成为美国儿童的第一大死因。不到半年，美国已发生233起大规模枪击案。枪支暴力已成为严重困扰美国社会的结构性问题。严控枪支需要修改美国宪法，需要国会3/4的议员通过。现在看绝无可能，所以，即使有所谓的明白人看到了修宪的必要性，但“无可奈何花落去”，想改也改不了了。

制度的生命力在于执行。严格遵守和执行制度，是维护制度权威、发挥制度优势的关键。制度再好，不抓落实就会形同虚设。毛泽东指出：“抓而不紧，等于不抓。”习近平总书记强调：“一分部署，九分落实。”坚持制度完善，也要重视制度遵守执行，加强监督检查，加大问责力度，坚持用制度管人管事。对制度怀有敬畏之心，形成按制度办事的良好习惯，真正将制度优势转化为强大的治理效能，激发制度活力，使科学社会主义在21世纪的中国焕发出强大的生机活力，展现出“中国之治”的巨大影响力。

五、政策

中国共产党从一开始，在进行马克思主义理论的学习、研究和宣传时，就没有离开制定和实行各项政策。毛泽东的著作几乎都是与政策和策略相联系的，他总是在不断地总结党在各个历史时期实行政策取得的经验和教训，并运用到实践中，迸发出巨大的智慧和力量。《邓小平文选》也是如此。《江泽民文选》、《胡锦涛文选》、《习近平谈治国理政》四卷、《习近平著作选读》二卷同样如此。建党以来重要文献选编、建国以来重要文献选编、十一届三中全会以来重要文献选编、十二大到十九大以来重要文献选编等，都是事关党和政府的各项政策，有力地指导着我国革命、建设和改革发展事业。可以说，政策是中国共产党赖以建立和发展的基础，是党的性质和宗旨的显著标志，是党凝聚人心、取得政权、执掌政权的重要手段。它在党的事业中处在至关紧要的地位。

（一）政策是党的生命

1948年3月20日，中共中央离开陕甘宁边区到达河北平山西柏坡前夕，毛泽东在为中共中央写的党内通报中明确指出："只有党的政策和策略全部走上正轨，中国革命才有胜利的可能。政策和策略是党的生命，各级领导同志务必充分注意，万万不可粗心大意。"①毛泽东在中国革命迎来胜利曙光的关键时刻，把政策和策略看作党的生命，要求全党各级领导干部务必重视，自然有他的道理。因为在我们党20多年革命实践中，毛泽东亲眼目睹和深刻感受了党的政策正确与否给中国革命带来的胜利与挫折、给党和人民的生命带来的安全与牺牲。

1921年7月，毛泽东出席中国共产党第一次全国代表大会。1923年6月，在党的第三次全国代表大会上，毛泽东当选为中央执行委员会委员、中央局委员和中央局秘书。据1923年6月《中国共产党中央执行委员会组织法》规定：本党应"由执行委员会选举委员长、秘书及会计"3人负责机关日常工作。"秘书负本党内外文书及通信及开会记录之责任，并管理

① 《毛泽东选集》第四卷，人民出版社1991年版，第1298页。

本党文件。本党一切函件须由委员长及秘书签字”始可发出，这里的“函件”是当时对文件的习惯称呼。中央执行委员会下达指令性文件必须由委员长和秘书共同签字才有效，可见中执委秘书职权非同一般。同时规定，“执行委员会之一切会议，须由委员长与秘书召集之，附加会议之日程”。毛泽东担任中执委秘书后，主要从事的工作有：负责起草文件，负责文书处理工作，负责会议记录，负责文件保管工作。毛泽东是中国共产党成立初期政策的制定者，深刻了解政策是党实施领导的重要方式。《毛泽东选集》一至四卷的159篇文章，在一定意义上说，都是毛泽东对中国革命各个时期党的政策和策略实践经验教训的深刻总结。1964年，有人向毛泽东说到读《毛选》的事，毛泽东的回应别出一格：“《毛选》什么是我的！这是血的著作。”“《毛选》里的这些东西，是群众教给我们的，是付出了流血牺牲的代价的。”[①]这充分显示了政策和策略是党的生命这样重要的判断。

井冈山时期，1928年10月，毛泽东在阐明“中国红色政权为什么能够存在？”的时候，讲了许多条件，其中最后一条讲道：“红色政权的长期的存在并且发展，除了上述条件之外，还须有一个要紧的条件，就是共产党组织的有力量和它的政策的不错误。”[②]那时，毛泽东对一年多来井冈山斗争实践的经验教训进行系统的总结，从根本上回答红军中一部分人存在的“红旗到底打得多久”的问题。他最后强调了党的组织力量和党的政策是红色政权存在的“要紧的条件”，分析了1928年4月以后湘赣边界割据，虽以数倍于我之敌，不但不能破坏此割据，并且不能阻止此割据的日益扩大，“原因就在于湘赣边界的共产党（地方的党和军队的党）的政策是正确的”[③]。这些政策包括：对敌人斗争、创建政权政策，实行割据地区的土

① 逄先知、金冲及主编：《毛泽东传》第3册，中央文献出版社2011年版，第1105页。
② 《毛泽东选集》第一卷，人民出版社1991年版，第50页。
③ 《毛泽东选集》第一卷，人民出版社1991年版，第51页。

地革命政策，军队党帮助地方党的发展和正规军帮助地方武装的发展政策，集中红军应付当前之敌政策和割据地区扩大采取波浪式的推进政策，反对冒进政策等。而8月的失败，完全在于一部分同志不明了当时正是统治阶级暂时稳定的时候，反而采取统治阶级政治破裂时候的政策，分兵冒进，致使边界和湖南同归失败。

1934年1月，在江西瑞金召开的第二次全国工农兵代表大会上的报告中，毛泽东专门讲了《苏维埃的经济政策》，针对帝国主义和国民党对红色区域经济上实行残酷的封锁政策，提出了我们的经济政策的原则要求和我们的经济建设的中心任务，强调了有计划有组织地进行经济建设工作对革命战争和民族利益的重要性。

抗日战争时期，毛泽东写了许多关于政策的文献，1940年在《论政策》一文中，他说："在目前反共高潮的形势下，我们的政策有决定的意义。"[①]针对干部中还有许多人不了解党在抗战时期的政策应当和土地革命时期的政策有重大区别时，毛泽东强调过去土地革命时期的许多政策，现在不应当简单地引用，特别是土地革命后期的许多过"左"的政策，不但在今天抗战时期不能采用，就是在过去也是错误的。他还深入分析了党在抗战时期的总政策——"既不是一切联合否认斗争，又不是一切斗争否认联合，而是综合联合和斗争两方面的政策"。这种既联合又斗争的原则体现在统一战线中的独立自主政策，重申了党的各项具体政策：政权组织建设、劳动政策、土地政策、税收政策、锄奸政策、保护人民权利政策、经济政策、文化教育政策和军事政策，指出在日寇加紧侵略中国和国内大地主大资产阶级实行反共反人民的高压政策和军事进攻的时候，实行抗战时期总政策和具体政策，对坚持抗日、发展统一战线、争取时局好转有决定的意义。

① 《毛泽东选集》第二卷，人民出版社1991年版，第762页。

解放战争时期，随着战争的节节胜利和解放区的不断扩大，毛泽东关于政策重要性的论述就更多了。在《关于目前党的政策中的几个重要问题》《关于工商业政策》等文献中，将政策的重要性提到更高的位置，其至理名言，就是“政策和策略是党的生命”。他特别强调，在战争、整党、土地改革、工商业和镇压反革命五个政策问题中，其中任何一个问题若犯了原则错误，又不加改正，我们就会失败[①]。以土地政策为例，1946年5月4日蒋介石发动内战已迫在眉睫，中共中央即发出解决土地问题的指示，即“五四指示”，标志着党的土地政策从抗战时期实行减租减息到解放战争时期实现耕者有其田的转变。从这以后到1947年下半年，解放区2/3的地方已基本上解决了土地问题，共有60万农民参军、6000多万人支援前线。1947年10月10日，中共中央批准《中国土地法大纲》，这是一个彻底反封建的土地革命纲领，指引着在封建制度压迫下的亿万农民汇入伟大的民主革命的洪流。

但是，土地改革中发生“左”的偏向。针对这一问题，1948年1月18日，毛泽东为中共中央起草了《关于目前党的政策中的几个重要问题》；2月3日，毛泽东在给刘少奇的电报中提出《在不同地区实施土地法的不同策略》；2月21日，毛泽东为中共中央起草了《纠正土地改革宣传中的“左”倾错误》的指示；2月25日，毛泽东为中共中央起草了《新解放区土地改革要点》的指示；2月27日，毛泽东为中共中央起草了《关于工商业政策》的指示。

在战争任务艰巨的情形下，毛泽东和党中央高度重视并密切关注土地改革运动的进展，提出和完善土地政策，纠正错误行为，使土地改革运动顺利开展。在“参军保田”口号下，大批青壮年农民洪水般涌入人民军队。“家居乡村的国民党官兵、国民党政府官员、国民党党员及敌方其他人员，

① 《毛泽东选集》第四卷，人民出版社1991年版，第1286页。

其家庭分给与农民同样的土地及财产。”[①]这一政策促使许多国民党官兵投诚，随即加入人民军队，站在人民一边。土地制度的彻底改革，为战胜一切敌人提供了最基本的条件。因为毛泽东和党中央把政策和策略看作党的生命，制定政策科学合理、及时调整完善、执行政策到位，大大加快了解放战争胜利进程。

新中国成立后，我们党在经济、政治、文化、社会、外交、军事等方面实行了一系列新的政策，取得了各方面的重大胜利，中华民族站起来了。例如，在经济发展方面，中国共产党制定了许多科学政策，完成了土地改革，又创造性地进行了对农业、手工业和资本主义工商业的社会主义改造，1956年建立了社会主义经济基础，为我国经济发展奠定了坚实基础。

邓小平从新中国成立到改革开放新时期，绝大部分时间直接参与和主持了一系列党的政策的制定。他认为，一时的胜利决定不了命运，起决定作用的是正确的纲领、路线和政策[②]。《邓小平文选》第二卷、第三卷，主要是记述他在新时期经常回顾和总结中国革命，特别是中国建设、改革的经验教训，总结党的政策的成功与失败，阐述一系列新政策出台的历史背景和实际效果。他多次讲道：“建国后的头八年，也就是从一九四九年到一九五七年上半年，我们的发展是健康的，政策是恰当的。”“一九五七年后，‘左’的思想开始抬头，逐渐占了上风。一九五八年‘大跃进’，一哄而起搞人民公社化，片面强调‘一大二公’，吃大锅饭，带来大灾难。‘文化大革命’就更不用说了。一九七六年粉碎‘四人帮’后，还徘徊了两年，基本上还是因循‘左’的错误，一直延续到一九七八年。”[③]那时，中国正处在十字路口。1978年年底，党的十一届三中全会深刻总结历史经

① 金冲及主编：《刘少奇传1898—1969》上，中央文献出版社2008年版，第535页。
② 《邓小平年谱（1975—1997）》上，中央文献出版社2004年版，第69页。
③ 《邓小平文选》第三卷，人民出版社1993年版，第253、115页。

验，决定进行改革开放，把全党工作重点转移到以经济建设为中心上来。这是我们党作出的正确的重大决策。此后，我们党制定了一系列新的正确政策。

农村政策改革。搞家庭联产承包责任制，搞多种经营，提供科学种田，这些政策几年就很见效，农民积极性提高，农业生产力发展，农村面貌迅速发展变化。同样是这块地、这些人，因为政策变了，形势就发生了大变，农村发展成就斐然。

分配政策改革。打破平均主义大锅饭的分配制度，决定让一部分地区、一部分人先富裕起来，先富带后富，最终实现共同富裕的分配政策。这些政策一下子把全国人民积极性充分调动起来。

落实知识分子政策。强调知识分子是工人阶级的一部分，科学技术是生产力、是第一生产力，充分发挥知识分子作用，努力改善他们的生活待遇。这些政策充分激发了知识分子的积极性和创造性，促使他们在各行各业大显身手。

城市经济政策改革。农村改革见效了、有经验了，1984年党的十二届三中全会将目光转到城市改革，包括工业、商业和其他行业的改革，城市经济社会面貌发生新的重大变化。

科学技术政策改革。1985年3月，中共中央作出了关于科学技术体制改革的决定，强调现代科学技术是新的社会生产力中最活跃和决定性的因素。科学技术振兴经济、实现“四化”这个中心任务中发挥着越来越重要的作用。

教育政策改革。1985年5月，中共中央作出了关于教育体制改革的决定，把教育放在现代化建设的重要战略地位。我国教育得到较快发展，教师社会地位有了较大提高。

对外开放政策。建立深圳、珠海、汕头、厦门4个经济特区，并逐步向沿海、沿边、沿江和内地开放，形成全方位对外开放格局。

改革开放和社会主义现代化建设新时期以来，中央提出的一系列方针政策，主要是改革开放政策，邓小平把改革开放政策称为实现宏伟目标的“根本政策”，是第二次革命。这场革命引起了我国经济生活、社会生活、工作方式和精神状态的一系列深刻变化，中国真正活跃起来了，中国特色社会主义制度充满生机活力。

1992年，邓小平在南方谈话中指出：“改革开放以来，我们立的章程并不少，而且是全方位的。经济、政治、科技、教育、文化、军事、外交等各个方面都有明确的方针和政策，而且有准确的表述语言。”①

此后20年，我们党带领人民不断坚持和完善中国特色社会主义各方面的方针和政策，经济发展迅速。2010年，中国经济总量已位列世界第二。

中国特色社会主义进入新时代，习近平总书记强调“党的基本路线是国家的生命线、人民的幸福线”②，在讲到外交工作时强调“政策和策略是党的生命，也是外交工作的生命”③。

习近平新时代中国特色社会主义思想有许多原创性贡献，包括许多新理念、新思想、新战略、新政策，比如，“五位一体”总体布局，“四个全面”战略布局，新发展理念，供给侧结构性改革，精准扶贫，绿水青山就是金山银山，“一带一路”，人类命运共同体，国家治理体系和治理能力现代化，等等。这些新理念、新思想、新战略、新政策为新时代中国特色社会主义注入了生机活力，为中华民族伟大复兴增添了无限动力。

（二）政策制定要符合实际

百余年来，中国共产党每次在重大历史转折关头，总是认真研究新形

① 《邓小平文选》第三卷，人民出版社1993年版，第371页。

② 《习近平谈治国理政》第二卷，外文出版社2017年版，第37页。

③ 《习近平谈治国理政》第一卷，外文出版社2018年版，第299页。

势新任务新问题，及时制定一系列符合实际的政策，使全党在正确的路线和政策基础上形成共识，从而积极有效地开展各项工作，为迎接即将到来的伟大事业取得胜利创造了最重要的条件。但是，也有一些政策脱离实际的，对党的事业造成了不小损失。实践证明，政策成功与失败的一个重要标志是该政策是否符合客观实际。

大革命时期，年轻的中国共产党曾经按照马克思主义本本或共产国际指示，照搬苏联经验，只重视工人阶级，忽视农民力量；只攻打大城市进行军事冒险，不在敌人力量薄弱的农村搞革命；国共合作时期，放弃领导权；土地革命时期，地主不分田，富农分坏田；反“围剿”只打阵地战，不打游击战；等等。这些“左”倾和右倾错误和政策，都是从本本出发、从理论出发制定的，给中国革命带来了沉重打击。

毛泽东最早找到农村包围城市的中国革命道路，并带领全党制定统一战线、武装斗争、党的建设等方面的一系列符合中国革命实际的正确的路线方针政策。毛泽东之所以能够成功，一方面，是他掌握马列主义的普遍原理，另一方面，是他了解中国实际，并且能够把两者结合起来，制定出符合中国实际的政策和策略，实现了马克思主义中国化。

毛泽东又是怎样了解中国实际的呢？一个重要方法就是开展调查研究，一切从实际出发，实事求是。他是我们党开展调查研究优良传统的主要创立者、践行者和倡导者。他从学生时代开始，就坚持深入农村调研。喜欢读“无字之书”，注重“踏着人生社会的实际说话”。建党初期，他进行过大量实地调查，写出了影响深远的《中国社会各阶级的分析》《湖南农民运动考察报告》《寻乌调查》《兴国调查》等一系列调查报告，提出了“没有调查，没有发言权”的著名论断。他指出：“调查就像‘十月怀胎’，解决问题就像‘一朝分娩’。调查就是解决问题。”①

① 《毛泽东选集》第一卷，人民出版社1991年版，第110–111页。

1941年8月，毛泽东起草了《中共中央关于调查研究的决定》和《中共中央关于实施调查研究的决定》。解放战争时期，他更是重视进行调查研究，重视制定、完善并执行党的政策。

1958年“大跃进”和人民公社的兴起，以高指标、浮夸风、“共产”风和瞎指挥为主要标志的“左”倾错误再度泛滥，我国国民经济遇到严重困难。1961年1月，毛泽东在中共中央工作会议上提出，大兴调查研究之风。他回顾党的历史时说：“抗日战争时期，解放战争时期，我们做调查研究比较认真一些，注意从实际出发，实事求是。通过调查研究，情况明了来下决心，决心就大，方法也就对。方法就是措施、办法，实现方针、政策要有一套方法。”[①]他还说：“建国以来，特别是最近几年，我们对实际情况不大摸底了，大概是官做大了。我这个人就是官做大了，我从前在江西那样的调查研究，现在就做得很少了。今年要做一点，这个会开完，我想去一个地方，做点调查研究工作。”[②]后来通过全党开展调查研究，及时对农业、工业、科学、教育、文化等政策进行调整，国家经济社会得以顺利发展。

我们党在改革开放和社会主义现代化建设新时期提出一系列新政策，就是全党在总结历史经验、在国内外进行大量调查研究的基础上作出的。比如，当时中国改革为什么要从农村开始呢？因为那时中国人口的80%在农村，如果不解决这80%的人的生活问题，社会就不会安定。工业、商业和其他行业的经济活动，总不能建立在80%人口贫困的基础上。

实事求是是马克思主义的精髓。邓小平多次讲他是“实事求是派”。他说：“我们改革开放的成功，不是靠本本，而是靠实践，靠实事求是。”[③]

① 《毛泽东文集》第八卷，人民出版社1999年版，第235页。
② 《毛泽东文集》第八卷，人民出版社1999年版，第237页。
③ 《邓小平文选》第三卷，人民出版社1993年版，第382页。

邓小平认为，中国革命的成功，是毛泽东同志把马列主义同中国的实际情况相结合，走自己的路。现在中国搞建设，也要把马列主义同中国的实际相结合，走自己的路。邓小平在十二大开幕词中指出："把马克思主义的普遍真理同我国的具体实际结合起来，走自己的道路，建设有中国特色的社会主义，这就是我们总结长期历史经验得出的基本结论。"①

江泽民指出，调查研究是谋事之基、成事之道。没有调查就没有发言权，没有调查就没有决策权。建立社会主义市场经济体制，加入世界贸易组织，加强党的建设新的伟大工程建设等政策，就是在充分调查研究基础上依据实际情况制定的。

胡锦涛强调，要坚持和完善调查研究制度，深入群众、深入基层、深入实际，不断提高根据实际情况分析问题、解决问题的能力。坚持科学发展观，进行和谐社会建设，城乡协调发展，免征农业税等政策，都是在大量调查研究的基础上依据实际情况决定的。

2020年10月10日秋季学期，中央党校（国家行政学院）中青年干部培训班在中央党校开班，习近平总书记在开班式上发表重要讲话指出，干部特别是年轻干部要提高政治能力、调查研究能力、科学决策能力、改革攻坚能力、应急处突能力、群众工作能力、抓落实能力，勇于直面问题，想干事、能干事、干成事，不断解决问题、破解难题。把"调查研究能力"放在七种能力中的第二位，是科学的、有远见的，因为提高调查研究能力是提高其他能力的基础。习近平总书记还强调："把调查研究贯穿于决策的全过程，真正成为决策的必经程序。"②

改革开放40多年来，我国实现经济快速发展和社会长期稳定，一个重要的原因是我们党重视调查研究工作，制定的政策符合客观实际。中国共

① 《邓小平文选》第三卷，人民出版社1993年版，第3页。
② 《习近平总书记系列重要讲话读本》，学习出版社、人民出版社2016年版，第291页。

产党五年一次的党代会报告、每次中央全会报告、我国经济社会发展的每个五年规划（计划）、每个重大改革开放决策，无不是在大量调查研究基础上制定的、决策的。例如，每次中央全会的报告，都是每年初党中央向各省自治区直辖市党委、各部委党组征求起草意见。党中央主要领导带头进行调查研究，文件起草组也开展调查研究，同时进行文件起草工作。有的还进行网络调研，广泛征集民意。文件初稿形成后，经中共中央政治局常委会、中共中央政治局会议审议批准，再发各省自治区直辖市党委、各部委党组征求修改意见，文件起草组再进行修改，然后召开中央全会进行讨论决定。这就是说，党的重大政策是由集体决定的，是通过这样几上几下程序，充分发扬民主，再集中全党全民智慧形成的政策，当然是符合客观实际的。十一届三中全会以来，我们党坚持一切从社会主义初级阶段这个最大的实际出发，根据这个实际制定了一系列正确的政策和规划。

（三）政策的稳定性和连续性

习近平总书记一再强调中国传统智慧《道德经》中的一句名言："治大国若烹小鲜。"意思就是治理大国就要像"烹小鲜"或熬小鱼一样，不要反复折腾，不要经常改变政策。美国政治体制却使国家政策经常发生变化。通常美国总统竞选时对政策一个说法，上任不久一个说法，中期选举时一个说法，临近下一届总统大选时又是一个说法，换了总统还时常推翻前任总统制定的有关政策和法案。新世纪以来，以美国两党制为代表的多党轮流执政模式遇到了前所未有的困境，优秀政治家缺失，政策存在很大的"不稳定性""不确定性"。这充分说明西方不懂得"治大国若烹小鲜"的中国智慧。

令人啼笑皆非的是，一些西方国家竟然经常攻击中国共产党政策不稳定。实际情况是，同美国比起来，中国政策稳定得多。中国共产党历来既有总路线、总政策，又有具体工作路线和具体政策，并且重视两者的稳定性和连续性。这不禁使我们联想到，西方不仅不了解中华民族优秀传统的智慧，也从不正视中国共产党政策的稳定性和连续性，这一以贯之地显示了西方的固化。

在中国革命时期，毛泽东和党中央为我们党规定了总路线和总政策：

——“无产阶级领导的，人民大众的，反对帝国主义、封建主义和官僚资本主义的革命，这就是中国的新民主主义的革命，这就是中国共产党在当前历史阶段的总路线和总政策。”

——“依靠贫农，团结中农，有步骤地、有分别地消灭封建剥削制度，发展农业生产，这就是中国共产党在新民主主义的革命时期，在土地改革工作中的总路线和总政策。”①

根据这两条总路线和总政策，毛泽东和党中央又相应地制定了一系列的具体工作路线和政策，如关于统一战线政策，关于工商业政策，关于在不同地区实施土地法政策，等等。没有总路线和总政策，制定具体工作路线和政策，就没有方向和依据；而不制定具体的工作路线和政策，总路线和总政策就不能落到实处，就不能实现总的战略目标。这两者是相辅相成的。毛泽东特别强调全党同志既要掌握总路线和总政策，又要了解具体的工作路线和政策，保持总路线和总政策的稳定，同时又根据新情况制定、完善具体工作路线和政策。

基于中国共产党历史上有对主要矛盾判断不准或随意改变带来灾难的沉痛教训，在社会主义初级阶段，在建设有中国特色社会主义过程中，我们党形成了以“一个中心、两个基本点”为主要内容的基本路线，这就是我们党在社会主义初级阶段的总路线和总政策。1992年年初，邓小平在视察南方的重要谈话中强调：“基本路线要管一百年，动摇不得。只有坚持

① 《毛泽东选集》第四卷，人民出版社1991年版，第1316–1317页。

这条路线，人民才会相信你，拥护你。谁要改变三中全会以来的路线、方针、政策，老百姓不答应，谁就会被打倒。这一点，我讲过几次。”①

2012年11月17日，习近平总书记在主持十八届中央政治局第一次集体学习时强调，“党在社会主义初级阶段的基本路线是党和国家的生命线。我们在实践中要始终坚持‘一个中心、两个基本点’不动摇，既不偏离‘一个中心’，也不偏废‘两个基本点’”。②

我们党在社会主义初级阶段的具体路线和政策，同样不能轻易动摇，可以根据变化了的实际不断加以完善。改革开放初期，国内外不少人士总是担心中国政策会变，那时邓小平总是反复讲，我们党和国家的政策是否有稳定性和连续性，首先是看政策本身对不对，这是最重要的。如果政策不对，有什么必要稳定和连续呢？如果政策对，能推动社会主义社会生产力发展，使人民生活逐步好起来，这种政策本身就保证了它的稳定性、连续性。

一个典型的例子是20世纪80年代大家担心的“傻子瓜子”雇工问题，邓小平主张不动，放两年再看。如果一动，群众就会说政策变了，人心就不安定了。他强调：“城乡改革的基本政策，一定要长期保持稳定。当然，随着实践的发展，该完善的完善，该修补的修补，但总的要坚定不移。”③“而所有这些政策的基础，就是四项基本原则，对此我们更是不会改变，不会动摇的。”④

2013年2月28日，习近平总书记在中共十八届二中全会第二次全体会议上提出：“我们要牢记一个道理，政贵有恒。为官一方，为政一时，当

① 《邓小平文选》第三卷，人民出版社1993年版，第370–371页。

② 《习近平谈治国理政》第一卷，外文出版社2018年版，第11页。

③ 《邓小平文选》第三卷，人民出版社1993年版，第371页。

④ 《邓小平文选》第三卷，人民出版社1993年版，第146页。

然要大胆开展工作、锐意进取，同时也要保持工作的稳定性和连续性。”[①]这里讲的工作，实际上指的就是政策。

中国共产党规划的两个百年奋斗目标，几代人接续前行，充分体现了政策的稳定性和连续性。世界上很少有政党以百年为跨度来规划自己的奋斗目标，而中国共产党却绘制了“两个一百年”的蓝图，还善于把长远目标分解成一个个阶段性任务，把对人民的承诺体现在具体目标落实上。这既满足了人民群众的当前需求，又使他们有了为自己美好生活而不懈奋斗的目标。

新中国成立初期，毛泽东就高瞻远瞩地指出，建国一百周年的时候，中华民族应当为人类作出更多贡献。1956年1月，他进一步提出，“我国人民应该有一个远大的规划，要在几十年内，努力改变我国在经济上和科学文化上的落后状况，迅速达到世界上的先进水平”。毛泽东提出，我们的任务“就是要安下心来，使我们可以建设我们国家现代化的工业、现代化的农业、现代化的科学文化和现代化的国防”[②]。

为此，中央还确定分两步走实现现代化的战略构想，即从第三个五年计划开始，第一步，经过三个五年计划时期，建立一个独立的比较完整的工业体系和国民经济体系；第二步，全面实现农业、工业、国防和科学技术的现代化，使中国经济走在世界前列。从“一五”到“四五”时期，基础工业项目、铁路、交通建设得到发展，同时兴修水利、开展农田基本建设、农业机械化和现代化发展，农业生产条件得到极大改善。

2020年，我们党已经制定了国民经济和社会发展的第十四个五年规划。目前全党全国人民正在落实这个五年规划。

改革开放和社会主义现代化建设新时期以来，从党的十二大开始，每

① 《习近平谈治国理政》第一卷，外文出版社2018年版，第399页。

② 《毛泽东文集》第八卷，人民出版社1999年版，第162页。

次党的代表大会都会根据五年来经济社会运行的实际情况，对推进社会主义现代化建设作出新的战略部署。比如，1987年年初，邓小平根据新的实际和历史经验，在十二大确定的20年实现翻两番的现代化目标基础上，进一步提出了我国实现社会主义现代化70年发展战略。十三大根据邓小平的这个思想，确立了从1980年到下个世纪中叶分“三步走”战略目标。十六大根据前两步目标已经提前完成的实际，规划了新世纪前20年“全面建设小康社会”的目标。十七大根据过去五年经济社会发展情况，提出实现全面建设小康社会目标，并提出新的更高要求。

党的十八大根据新时代推进社会主义现代化作出了新的顶层设计，提出了“全面建成小康社会”，实现“两个一百年”奋斗目标的新要求、新布局。十九大提出：“到二〇二〇年，是全面建成小康社会决胜期。”同时，对实现第二个百年奋斗目标，作出了分两个阶段推进的战略安排。从二〇二〇年到二〇三五年，在全面建成小康社会的基础上，再奋斗十五年，基本实现社会主义现代化。从二〇三五年到本世纪中叶，在基本实现现代化的基础上，再奋斗十五年，把我国建成富强民主文明和谐美丽的社会主义现代化强国。二十大根据过去五年经济社会发展的实际情况，进一步确认十九大提出的实现第二个百年奋斗目标作出了分两个阶段推进的战略安排，并且对相关目标提出新的更高标准。

总之，我国经济社会发展的五年规划（计划）和五年一次的党的全国代表大会确立的社会主义现代化建设蓝图，既保持了政策的稳定性、连续性，又不断赋予新的内容。可以这样说，中国特色社会主义和中华民族伟大复兴的方向明确、目标宏伟、道路清晰、政策连续、措施得力，与西方国家政治上的“不确定性”形成鲜明对照。

德意志民主共和国领导人克伦茨对此感慨地说：“百年目标，史无前例。中国共产党不仅在思维上，而且在行动中，贯彻着以西方政治运作理念无法想象的长远前景。在这样一个如此混乱的世界和毫无安全的时代，地球上没有其他任何一个国家像中华人民共和国那样拥有面向2050年的政治、经济和社会发展的明确设想。中华民族正在复兴，中国正在崛起。”①

（四）政策重在落实

中华民族是礼仪之邦，历来有作为的封建统治者都重视信用，以信聚拢人心。我们不妨先看看孔子和子贡的一段对话。子贡有一天找孔子请教为政之道。孔子说了三种最重要的东西：足够的粮食，足够的军备，百姓信任政府。子贡说：迫不得已要放弃一项，要先放弃三者当中的哪一项呢？孔子说：放弃军务。子贡说：如果再迫不得已要放弃一项呢？是先放弃粮食还是人民的信任？孔子不假思索地说：放弃粮食。自古以来都免不了死亡，如果人民对政府没有信心，国家就不能保存了。通过这段对话，我们可以看到，为政之道有三种非常重要的东西，那就是粮食、军备、信任。这三件“聚拢人心”的法宝非常重要，少一件，都很致命，其中信用，是最为重要的。国家讲信用，国民才能信任国家，上下一致，形成合力，才能够一起创造辉煌。孔子曰：“人而无信，不知其可也。”一个人没有信用的话，都不知道他怎么为人。普通人尚且需要信用，政府更是需要信用。

政府不讲信用，问题是很大的。早上下的命令，晚上认为不对，去赶快改过来，究竟哪个对？老百姓搞不清楚，这就是大问题。朝令夕改，会让国民无所适从；答应的事情不兑现，会让民众不再信任。一旦让民众形成领导人“不诚信”的印象，就很容易产生“烽火戏诸侯”的悲惨结局。《管子》载：“诚信者，天下之结也。”讲诚信的人，天下人都想去结交。一个讲诚信，说到做到的政府，自然也就可以聚拢更多的人心。

① 〔德〕埃贡·克伦茨著：《我看中国新时代》，王建政译，世界知识出版社2019年版，第111页。

中国共产党是全心全意为人民服务的马克思主义政党，也是中华优秀传统文化的继承者。与西方相比，有些西方国家政党为了在几年一次的大选中赢得民心、选票、议席乃至政权，往往选前迎合选民、许诺选民，选后不行动不落实、开空头支票，或者只顾眼前利益，不顾其国力与财力的限度，大搞高福利收买人心，搞民粹主义，给国家经济造成严重影响。中国共产党则重信用、重承诺、重落实，“言必行、行必果”，强调“抓而不紧，等于不抓”，实事求是，以政策落实取信于民。

解放战争时期，毛泽东和党中央根据敌我双方力量对比状况，预计每月消灭多少敌人，才能取得战争胜利。我方各个部队响应毛泽东和党中央号召，主动勇挑重担，圆满完成歼敌任务，加速了全国胜利的到来。

抗美援朝战争前夕，中国共产党通过各种方式向世界宣告，并对美国当局提出强烈警告，美国军队若越过三八线，我们要管。但是，美国当局对中国政府的多次警告充耳不闻，熟视无睹，最终大战爆发，直到1953年战争才结束，最终双方在三八线停战。后来，美国人形容这场战争是美国在错误的时间、错误的地点、选择错误的敌人，打了一场错误的战争。在后来的越南战争中，中国共产党和中国政府提出美军不能越过一七度线，美军就不敢越过。

从1953年开始，我国以五年一个时间段制定国民经济发展计划，后来改为国民经济社会发展规划，全国各地方、各部门、各单位同步推动、严格执行、落实到位。这在世界发展史上绝无仅有。

中国共产党是如何落实一系列重大政策呢？

中国共产党坚持党总揽全局、协调各方的领导核心作用，通过人民代表大会制度，保证党的路线方针政策和决策部署在国家工作中得到全面贯彻和有效执行，使党的主张通过法定程序成为国家意志，通过国家机关实施党对国家和社会的领导，通过民主集中制原则维护党和国家权威、确保党和国家的各项政策落实。

中国共产党的组织力、执行力世所罕见。从党的中央委员会到党的各个支部，都是按照民主集中制原则组织起来的。

中国共产党的组织性、纪律性强。中央要求各地各部门严格遵守中央制定的各项政策，建立定期向中央请示报告的制度。中央还建立了督查制度，巡视制度，定期或不定期地对一些政策落实情况进行督办、巡视，并提出整改意见建议。对“你有政策，我有对策”等违反法纪和政策的种种“对策”，中央历来严肃处理。

中国共产党的干部政策要求，提拔使用拥护党的路线方针政策的干部，这就从组织上保证我们党的政策的连续性和落地生根。鼓励广大干部一茬接着一茬干，一棒接着一棒跑。同时，考察使用干部时，注重政绩。

中国共产党在政策执行过程中，会根据执行过程中出现的新情况新问题，及时采取措施纠正发生的各种错误，同时，注意防止来自“左”的或右的错误干扰，有“左”反“左”，有右反右。比如，不拥护改革开放政策，妄图回到过去的老路上去，这就要坚决反对。又如，自由化实际上是要把中国现行的政策引导到走资本主义道路，这同样要坚决反对。再如，如果政策会导致贫富两极分化，那就必须调整。

习近平总书记对抓好政策的落实尤为重视。习近平总书记经常用“一分部署，九分落实”来强调党中央要有权威，党的理论和路线方针政策必须执行，否则，党就会变成一盘散沙，就会成为自行其是的“私人俱乐部”。习近平总书记要求全党通过扎扎实实努力，锲而不舍把党的十八大、十九大、二十大精神落到实处。依此类推，对党的路线方针政策，对中央作出的各项重大战略部署等，都一以贯之地执行。地方和部门工作也真正做到一张好的蓝图一干到底，切实干出了成绩。落实中，充分发扬钉钉子精神。钉钉子往往不是一锤子就能钉好的，而是要一锤一锤接着敲，直到把钉子钉牢。不断钉下去，必有成效。

党的十八大以来中央全会通过的若干决议，都提出了每一项任务负责落实的地方或部门，有的是负责的，有的是参与的，有落实的时间表和路线图，职责明确，非常清晰。

（五）人民是阅卷人

习近平总书记强调：时代是出卷人，我们是答卷人，人民是阅卷人。坚持人民标准，诚心诚意请人民阅卷。金杯银杯不如群众的口碑。实践是检验真理的唯一标准。实践中最有发言权的是人民群众。

衡量政策正确与否的标准是看最广大人民满意不满意，还是看特殊利益集团满意不满意，这是中国共产党与西方政党的显著不同之处。

在西方，“政党”是社会某个部分的利益集团代表。利益集团主导政府决策在西方是政党执政合法性的基础，是西方民主的本意。西方政府、议会和立法机构是资产阶级代表，代表的是资本家利益，代表的是特殊集团的利益。美国政治制度给人印象最深刻的特点就是，“近水楼台”的利益集团能够从政府政策中攫取多数人得不到的好处，美国政府决策受制于利益集团、受制于华尔街利益。美国学术杂志《政治前景》（*perspectives on politics*）在2014年秋季号上刊登了美国普林斯顿大学和西北大学学者进行的一项联合研究，该研究比较了1981—2002年间美国政府制定的1800多项政策，得出的结论是这些政策几乎都是代表特殊利益集团制定的，而基层民众和普通公民对决策的影响力几乎为零。如果后者与前者利益冲突，后者是无能为力的①。

在中文里，古代“结党”是和“营私”联系在一起；“党争”是劣政和自私自利的代名词。因此，在中国有“君子不党”的政治传统，要求官员施政出于公心。

中国共产党强调对党负责和对人民负责的一致性，制定政策是从中国

① 张维为：《这就是中国：何谓民主》，上海人民出版社2021年版，第50页。

最广大人民根本利益出发，从来不代表任何利益集团、任何权势团体、任何特权阶层的利益；衡量政策正确与否的根本标准是人民拥护不拥护、赞成不赞成、高兴不高兴、答应不答应。也就是说，中国共产党在政策制定程序和衡量标准方面充分吸纳民意，民主决策、科学决策，以人民评判作为正确与否的标准。

政策要让人民知道，善于把政策变成人民的行动。政策是中国共产党一切行动的出发点，并且表现于行动的全过程和落脚点。政策正确与否要让人民来评判，人民的眼睛是雪亮的，对政策感受最直接、最深刻，最有发言权、裁判权和阅卷权。百年历史经验告诉我们，凡属正确的政策，都是和当时的群众要求相结合，都是联系群众的；凡属错误的政策，都是和当时当地的广大群众要求不相结合，都是脱离广大群众的。

人民群众是历史的创造者，也是历史的评判者；人民标准，同实践标准、生产力标准是一致的。政策正确还是失败，要看是否符合实践要求，是否促进生产力发展，是否满足人民愿望。离开实践要求、离开生产力发展、离开人民生活改善，政策就失败了，革命、建设和改革事业就是空的。

比如，革命时期，推翻帝国主义、封建主义、官僚资本主义的反动统治，实行土地改革，解放农民，发展现代工业，使中国人民的生产力得到解放，人民拥护共产党的政策，革命才能取得成功。

又如，党的十一届三中全会以后，坚持把党的工作中心转移到经济建设上来，改革了束缚生产力发展的经济体制等，农业发展了、工业发展了、商业发展了、科技教育发展了，人民生活有了较大改善，人民群众对党的政策是拥护的。1984年在庆祝中华人民共和国成立35周年阅兵时，北京大学的学生在流行队伍中自发打出横幅“小平您好”，这充分表达了人民衷心拥护新时期党的一系列方针政策的愿望。

再如，中国特色社会主义进入新时代，“四个全面”战略布局展开，坚持以人民为中心贯穿其中，在中华大地上全面建成了小康社会，历史性地解决了绝对贫困问题；坚决打好污染防治攻坚战，生态环境有明显改善；全面从严治党取得重大胜利，政治生态发生可喜变化等，人民普遍增加了获得感、幸福感、安全感，对党中央的一系列重大政策是由衷赞成的。

第三章

中国共产党夺取政权和长期执政的合法性

国外一些关注和研究中国的政治家和学者认为，中国没有西方式的多党制、议会制和选举制，由此就质疑中国共产党一党执政，没有民意基础，没有“合法性”，没有制度安排，并推断中国政局“不确定、不稳定、不规范”。他们这么做，要么是坚持西方中心主义论调，拿西方政党制度、议会制度和选举制度作为标准来评判中国，主观臆断中国共产党执政缺乏合法性；要么对中国共产党不进行深入细致的调查研究，就浅尝辄止、盲人摸象似的自以为是、以偏概全地议论一番。他们好像雾里看花、水中捞月，不明白中国共产党是马克思主义政党，坚持人民立场是其根本立场；不明白中国共产党承继了以民为本的中华优秀传统文化。

“得民心者得天下、失民心者失天下”的古训，始终警醒着中国共产党人吸取和借鉴古代治国的智慧，不断坚持为中国人民谋幸福、为中华民族谋复兴。中国共产党执政，高度重视民心、民主、民生，获得了广大人民的拥护和爱戴，成为人民的主心骨，从而赢得力量，能够夺取政权并且长期执政。

一、民心

“政之所兴在顺民心，政之所废在逆民心。”这是说统治者在制定治国方针政策时，要顺应老百姓的心理。如果百姓的利益得到保障，他们就会愿意与国家同甘共苦，为国家赴汤蹈火。否则，就会失去民心，进而失去政权。民心顺则事业兴，民和则国和，民安则国安。人心向背是决定一个政党、一个政权兴衰的根本因素。中国共产党取得政权在于得民心，长期执政也在于得民心。

（一）民心是最大的政治

“水能载舟，亦能覆舟。”这是中国高度集权的封建社会里的一种民本思想。它形象地把人民比作水，把统治阶级比作舟。如果人民拥护统治者，统治者就顺风顺水；如果人民反对统治者，人民要推翻他们，统治者就要翻船落水。中国封建社会一次次农民起义，导致王朝兴衰、国家权力更替。这样的教训是深刻的。

中国数千年历史形成的执政合法性，就是“民心向背”的治国理念。这与西方认为执政的合法性在于赢得选票就赢得政权的规则是不同的。综观世界，任何时代、任何国家，最大的民心永远是人民生活的富足、安宁、和谐。

中国共产党作为中华优秀传统文化的忠实继承者和发扬者，历来把民心看作最大的政治。习近平总书记指出：“中国共产党把为民办事、为民造福作为最重要的政绩，把为老百姓办了多少好事实事作为检验政绩的重要标准。”[①]“人心向背、力量对比是决定党和人民事业成败的关键，是最大

① 《习近平谈治国理政》第四卷，外文出版社2022年版，第55页。

的政治。”[①]

（二）得民心者得天下

1921年中国共产党成立时，是一个只有50多名党员的政党，为什么能够在28年时间里，迅速发展壮大，推翻帝国主义、封建主义和官僚资本主义的反动统治，取得国家政权，建立人民当家作主的新中国，就是因为它顺应历史潮流，经历坎坷，总结经验，制定了一系列正确的战略和策略，给人民看得见的利益，赢得了民心，从而赢得天下，夺取政权。

土地革命战争时期，中国共产党党内机会主义的主要特点是“左”。“左”的政策孤立了自己，导致中国革命遭遇重大挫折。“左”倾错误先是表现在城市工作方面，当时党中央负责人主张实行全国武装暴动，攻打反对派力量集中的中心城市，使大革命失败后保存下来的有限的革命力量蒙受了重大损失。党不但把自己孤立起来了，而且到后来在城市也立不住了，只好退到农村。到了江西瑞金农村，中央临时负责人，盲目听从共产国际派来的军事顾问李德的军事指挥。他们又犯了军事斗争方面“左”的错误，坚持阵地战、主张“御敌于国门之外”，命令红军主力北上应敌，结果红军主力被迫进行战略转移。在工商业政策方面也犯“左”的错误，他们把赤白对立绝对化；对中小资产阶级实行过“左”政策，片面强调工人利益而把工商业搞垮了。在土地政策方面，主张地主不分田、富农分坏田，并损伤了一部分中农的利益。当然，我们党在农村中搞土地革命，还是有群众基础的，不能说是在农民中完全孤立。总之，土地革命战争时期实行“左”的政策的结果是我们没能孤立蒋介石，而是孤立了自己。

抗日战争时期，我们党积极主张建立全国抗日民族统一战线，对蒋介石采取的是又团结又斗争的策略。在团结方面，我们党在抗日根据地停止

① 《十八大以来重要文献选编》中，中央文献出版社2016年版，第556页。

没收地主的土地，而改为减租减息，实行“三三制”等政策；在斗争方面，我们党坚决同蒋介石的反人民政策作斗争，孤立了蒋介石，群众理解了中国共产党。

在解放战争时期，我们党在抗战胜利后，不想再打内战，毛泽东亲赴重庆谈判，希望同国民党建立联合政府。但是，蒋介石反动集团挑起内战，中国共产党被迫应战。全国人民眼睛是雪亮的，看到了中国共产党要求和平的诚意。我们党又在解放区实行土地改革，农民有自己的土地，热情高涨，积极参军，支援前线。

1947年12月，毛泽东总结了建党以来中国共产党在民心得失方面的实践，在中共中央扩大会议上说：“在政治方面，国民党区域人心动向变了，蒋介石被孤立起来，广大人民群众站到了我们方面。孤立蒋介石的问题，过去在长时期内没有得到解决。土地革命战争时期，我们比较孤立。进入抗战时期，蒋介石逐渐失掉人心，我们逐渐得到人心，但问题仍没有根本解决。直到抗战胜利以后这一两年来，才解决了这个问题。”[①]这个人心向背问题，是经过重庆谈判、蒋介石撕毁停战协议和取缔民主党派活动、共产党在解放区进行土地改革等一系列历史事件出现的社会动向。我们党深得民心，带领人民推翻国民党反动统治，解放了全中国，夺取了政权。

（三）得民心者治天下

中国共产党执政70多年，在中国人民中享有崇高威望，受到人民的尊敬、爱戴和拥护，外国人不了解、不理解为什么中国不搞多党竞争，没有他们那样的选举，中国共产党凭什么长期在中国执政？他们不懂得，中国共产党是靠得民心得到天下取得政权，同样是靠得民心治理天下、长期执政的。

创业艰难百战多的中国共产党经过28年的浴血奋斗，作出巨大牺牲，

① 《毛泽东文集》第四卷，人民出版社1996年版，第328页。

顺应民心，夺取政权。新中国成立后，我们能否制定好符合民心的制度和政策，治理好中国，这当然是我们的领袖们关心的大事。

1949年3月23日，中国共产党从河北西柏坡出发去已经解放的北平，毛泽东和周恩来聊天时说，今天是“进京赶考”的日子。周恩来说：“我们应当考试及格，不要退回来！”毛泽东则表示：“退回来就失败了，我们绝不做李自成，我们都希望考个好成绩！”

新中国成立以来，中国共产党的领袖们总是怀着这种“进京赶考”的谨慎心态治国理政，都争取考个好成绩。

社会主义革命和建设时期，我们党在顺应民心方面积累了丰富经验。中国是爱好和平的国家，新中国成立后，被迫在中朝、中印、中苏、中越边境打了几场仗，打出了军威、国威，国家主权和安全得到保障，社会治理水平逐渐提高，人民不用再担心战火烧到国内，生命和财产安全得到保障。人民真正实现当家作主，通过人民代表大会、政治协商会议等形式，行使管理国家和社会事务。通过对工业、农业和手工业的社会主义改造，中国建立起社会主义基本制度。治理了许多大江大河，兴修了水利，农村生产生活条件得到大大改善。教育科学文化事业得到发展，人民综合素质有大的提高。可以说，新中国成立二三十年经济社会发展水平，远远超过旧中国几百年、几千年的发展。

我们党作出决策时，总会把握民心之所向。略举两例加以说明。

比如，1950年6月6日，毛泽东在党的七届三中全会上提出要争取国家财政经济状况的基本好转而斗争的任务，同时提出“不要四面出击”的战略方针，强调我们一定要做好工作，使工人、农民、小手工业者拥护我们，使民族资产阶级和知识分子中的绝大多数人不反对我们。

又如，1965年6月16日，毛泽东在听取国家计委关于“三五”计划初步设想的汇报后指示：计划要考虑三个因素，第一是老百姓，不要丧失民心；第二是打仗；第三是灾荒。根据毛泽东指示，国家计委又对“三五”

计划的投资项目和主要生产指标进行了调整。此后，周恩来在国务院全体会议上把毛泽东的三个因素概括成“备战备荒为人民”。

在改革开放和社会主义现代化建设新时期，邓小平能够领导中国开启改革开放新的伟大征程，能够扭转中国的发展方向，最关键的是他真正懂得那时中国人民最需要什么，换句话说，他深深知道“民心所向”。支持真理标准问题的讨论，科学评价毛泽东功绩和毛泽东思想，获得人民信任；领导全党平反历史上的冤假错案，大快人心；指导全党实现工作重点转移，更是顺应民心。1980年8月，邓小平在答意大利记者法拉奇提问时指出：“特别是强调要一心一意搞四化建设，这是得人心的。”[①]有了民意基础，我们党就有了开辟中国特色社会主义道路的群众基础。

1989年6月，江泽民担任中央委员会总书记。7月，中共中央、国务院就作出关于近期做几件群众关心的事的决定。1990年3月，党的十三届六中全会作出关于加强党同人民群众联系的决定。在江泽民担任总书记的13年里，无论是大力推进改革开放，还是积极应对长江抗洪抢险等突发事件；无论是领导香港、澳门的顺利回归祖国，还是推进党的建设新的伟大工程，许多事情都深深地印在中国人民的心里。

胡锦涛担任中央委员会总书记的10年，党中央加强和谐社会建设，加快推进以改善民生为重点的社会建设，取得防治“非典”疫情和抗击汶川大地震胜利，特别是开始以工业反哺农业，广大农民得到大实惠，人民生活得到较大改善，心情是舒畅的。

新时代以来，习近平总书记采取一系列举措，在顺应民心方面取得一系列标志性成果：明确我国社会主要矛盾是人民日益增长的美好生活需要和不平衡不充分的发展之间的矛盾，紧紧围绕这个社会主要矛盾推进各项工作；实现了小康这个中华民族的千年梦想；贯彻新发展理念，着力推进

① 《邓小平文选》第二卷，人民出版社1994年版，第349页。

高质量发展，我国经济实力实现历史性跃升；建成世界上规模最大的教育体系、社会保障体系、医疗卫生体系；惩治腐败深得人心。

一路走来，我们党总是把人民放在心中最高的位置，胸怀“人民梦想”，致力“人民生活”，践行“人民立场”，坚守“人民情怀”，既通过提出并贯彻落实正确的理论路线方针政策带领人民前进，又从人民群众的实践创造和发展要求中获得前进的动力。民心如海，滴水汇聚成汪洋；民利如山，寸土累积成巍峨。

中国共产党夺取政权、巩固政权、长期执政，是历史选择、人民选择，是人心所向的结果，其合法性在于深厚的民意基础。没有共产党，就没有新中国，就没有中国特色社会主义，就没有中华民族伟大复兴。中国共产党是中国人民事业的坚强领导核心，是中国人民的主心骨和领路人。

（四）中国人民对政府满意度高

中国人民对中国共产党、对中国政府的支持度是相当高的。这从中国共产党取得政权并长期执政的实践中可以看出，更从国外不同知名调查机构的多次调查报告中得到证实。

世界知名调查机构爱德曼2022年发布的一份信任度调查报告显示，中国民众对中国政府信任度达91%，在受访国家中排名第一。美国哈佛大学近年的调查结论也与此类似。已经执政70多年的中国共产党何以拥有如此高的人民支持率？爱德曼国际公关全球总裁兼首席执行官马修·哈林顿认为，中国政府保持经济增长、不断改善人民生活的努力是中国公民对政府保持高度信任的主要因素。同时，近三年中国政府应对新冠疫情，极力保护公民健康安全，得到了民众的信任。报告还显示，中美两国的信任度差距大，美国公民对本国政府的信任度比中国低了47个百分点。马修·哈林顿认为，美国政府信任度低的原因在于过去10年的经济状况以及贫富差距两极分化，从而导致信任缺口。

国际知名民调机构益普索集团发布的全球幸福指数调查报告显示，在32个国家中，幸福感指数最高的国家是中国（91%）。

美国皮尤研究中心发布研究报告称，美民众对联邦政府信任度持续低迷已近20年。调查结果显示，1958年，大约75%的美国人相信联邦政府大部分时间会做正确的事情。自2021年以来，只有24%的人表示大部分时间可以信任政府。据2022年统计，这一数字跌到21%。皮尤研究中心以美国民众对政府观感为主题，在2022年4月和5月对5074名美国成年人进行了调查。结果显示，65%的美国民众认为大多数政治候选人竞选公职是为了“服务个人利益”。相比之下，只有21%的人表示大多数人竞选公职是为了服务社区。

从美国知名调查公司公布的调查结果看，中国人民对中国政府的满意度持续处于高位，远远高于美国人民对联邦政府的满意度，而且美民众对联邦政府信任度持续低迷已近20年，并且呈现越来越低的趋势。

因此，总结中国共产党夺取政权和长期执政的一条重要经验，就是要把握民心、深得民心。

二、民主

各国国情千差万别，世界民主也丰富多彩。民主是中国共产党矢志不渝的奋斗目标。一百多年来，中国共产党不断探索完善适合自己的民主道路。历史和现实证明，中国的民主是适合中国国情的，中国人民享有最广泛最真实最管用的民主。

（一）符合国情的民主才是好民主

“世界上找不到两片完全相同的树叶”，也没有完全一样的政治模式。一个国家和地区实行什么样的民主，要跟这个国家和地区的历史传统、政治制度和公民素质等结合起来。世界上的所谓民主国家，有成功的先例，也有失败的教训。那些照搬西方民主的国家，很少有成功的。即使西方成功的民主国家，也面临民主的困惑、衰败。

老牌资本主义国家英国的议会制，与美国的总统制就不一样。同样是总统制国家，法国与美国也不尽相同。各国选举方法和计票标准五花八门，令人费解的是得票多的候选人未必当选。美国行政、立法、司法三权分立，与英国、法国等西方国家的权力制衡就不尽相同。美国先有地方政府，后有联邦政府。美国人普遍不相信政府，总觉得个人可以比政府做得好，而欧洲国家，特别是法国、德国、西班牙等国家，政府的作用大得多。这种差异与美国历史有关：当初清教徒到美洲大陆，就是为了躲避政府和教会的迫害。

美国有强烈的“传教士传统”，自以为是地认定美国是上帝的“特选之国”，甚至连民主问题也宗教化，长期以来在全世界到处传播美式民主的“福音”，但是，“醉翁之意不在酒”，其“民主输出”通常会变成灾难输出。美国把伊拉克、阿富汗等国家搞得生灵涂炭、百姓流离失所，美国输出的不是民主，而是动荡和灾难。21世纪的“阿拉伯之春”变成“阿拉伯之冬”，也是明显的例证。2010年年底，突尼斯发生小贩自焚事件，触发了民众对失业、物价上涨、腐败的不满，引发骚乱，很快“阿拉伯之春”就蔓延到埃及、西亚、北非等阿拉伯国家。西方国家欢呼雀跃：一个新中东即将诞生，伟大的西方民主模式降临了。十多年过去了，突尼斯经济遭受重创、也门动荡不止、埃及政局反复、利比亚四分五裂、叙利亚更是变成“人间地狱”。埃及总统阿卜杜勒·法塔赫·塞西说，叙利亚、伊拉克、利比亚和也门等国发生的事件给这些国家的生命财产造成巨大损失，基础设施损失达到9000亿美元，死亡人数超过140万人，沦为难民的有1500万人①。现在，稍有理智的人也认识到，美国所谓民主的福音，不过

① 张维为：《这就是中国：何谓民主》，上海人民出版社2021年版，第94页。

是群魔乱舞、生灵涂炭，已是臭名昭著。

进入21世纪尤其是2016年以来，西方民主乱象频发，衰败明显，猛烈冲击欧美政治主流，颠覆西方价值观念，引起世人注目。美国政坛恶斗加剧，社会分裂加深；美国政府停摆，就是民主党和共和党相互拆台、彼此内耗的恶果；美国街头反种族运动此起彼伏；美国的“金钱政治”，使政治沦为金钱的附庸、选举成为有钱人的游戏，没有巨额美钞来拉选票，只能望“位”兴叹；上千名特朗普支持者攻进美国国会大厦抗议大选结果，甚至攻占所谓“民主殿堂”国会山；还有中东难民大规模涌入欧洲，搅乱几乎所有欧洲国家的政局；英国“脱欧”，反映“一人一票”简单多数票决民主的盲从和非理性；西方国家遭受恐怖袭击的频率密集；逆全球化趋势和民粹主义思潮迅速蔓延；右翼势力在很多国家不断坐大；债务危机、金融危机、能源危机、福利危机等使西方多数百姓的实际生活水平停滞不前，甚至下降。俄乌战争爆发，通货膨胀居高不下、能源短缺价格高涨、欧洲人民生活水平大幅下降等。实践证明，西式民主已是明日黄花，被人唾弃。

（二）民主是党始终高举的一面旗帜

马克思、恩格斯在《共产党宣言》中指出：“工人革命的第一步就是使无产阶级上升为统治阶级，争得民主。”我们党从成立之日起，就把实现人民当家作主和中华民族伟大复兴作为己任，团结带领中国人民进行革命、建设和改革。实现和发展民主贯穿党一百多年奋斗的全过程。

建党建军之初，中国共产党将民主注入政党与军队，使其迅速成为现代的政治力量，并不断壮大。最突出的是红军时期的士兵委员会，官长不打士兵，官兵待遇平等，士兵有开会说话的自由，实行经济民主，有什么开支经过民主讨论，定期公布账目，这些办法士兵很满意。毛泽东认为，正是士兵委员会把红军同旧式军队区别开来了。陈毅在回忆为什么能打过艰苦的三年游击战争时深有感触地说，第一条是坚持了民主。越是艰苦困难，越要发扬民主。

抗日战争时期，民主成为这一阶段最本质的东西。毛泽东说过："为民主即是为抗日。抗日与民主互为条件，……民主是抗日的保证，抗日能给予民主运动发展以有利条件。"[①]他反复强调，抗日战争绝对不仅是政府和军队的事，而是全体中国人民的事，只有把千千万万的民众动员起来、组织起来，调动浩浩荡荡的革命军，将敌人置于人民战争的汪洋大海，才能把日本帝国主义和汉奸卖国贼打垮。1940年3月，中国共产党领导的各个抗日根据地政权建设中贯彻执行"三三制"原则。这种政权是一切赞成抗日和民主的人们的政权，是团结广大爱国人士的统一战线的政权，开创了协商民主的新的民主实现形式，成为中国共产党领导的民主政治的一大亮点。

抗战胜利后，在陕甘宁边区和晋绥边区等地建立各界人民代表会议。在解放战争推进过程中，还没有条件普选人民代表，召开人民代表大会，毛泽东和党中央就给进军各地的党政领导发电，要求解放军进城后尽快邀请人民代表或各界代表，召开人民代表会议或各界人民代表会议，由这样的民主形式来管理城市，在农村则实行土地改革。

怎样建立新中国，建立一个什么样的新中国？这个问题，在抗战胜利前夕召开的党的七大上，毛泽东代表中共中央所作的政治报告《论联合政府》提出，要通过民主的道路，建立民主的联合政府。这时所讲的联合政府，包括国民党在内。但由于国民党没有接受这一反映全国人民根本利益的政治主张，反而发动了反人民的内战。在解放战争的战场发生有利于人民的转变后，中国共产党在决定全国政权时，毛泽东考虑的一个核心问题就是未来新中国建立一个什么性质的政权。他对这个问题进行了深入思考。

---

① 《毛泽东选集》第一卷，人民出版社1991年版，第274页。

在1947年12月中共中央扩大会议即“十二月会议”上，他认为人心有利于我们，并不等于我们就能够夺取政权。他强调，人民不喜欢蒋介石，也不喜欢共产党。这个可能性完全有，在理论上是成立的。他明确提出，这里有一个重要问题，是要采取正确的政策，巩固和发展统一战线。这个“统一战线”是不包括国民党蒋介石集团及其追随者，但包括一切反对帝国主义、封建主义、官僚资本主义的阶级力量的人民民主统一战线。即通过人民民主建设新中国，建立一个人民民主的新中国。

1948年9月，在西柏坡召开的中共中央政治局会议即“九月会议”上，毛泽东提出未来新中国政权的性质是人民民主专政。用“人民民主专政”这个概念来取代过去的“联合政府”，是因为新政权将不包括蒋介石集团；用“人民民主专政”这个概念来取代过去的“工农民主专政”，是因为无产阶级领导的以工农联盟为基础的人民民主专政“不仅仅是工农，还有资产阶级民主分子参加”①。

那时，中共中央在同民主党派协商过程中，形成和提出了一整套民主建政构想，包括：中国人民政治协商会议作为统一战线的组织长期存在；政权机构实行民主集中制的人民代表大会制度，而不实行联邦制；等等。西方有些人歪曲我们的“枪杆子里面出政权”的思想，诬蔑我们是拿枪杆子支撑起的极权制度。他们完全不懂得，中国共产党拿起枪杆子，是因为我们的敌人手中不仅拿着枪杆子，还用枪杆子屠杀人民。他们选择性遗忘，他们国家夺取政权运用了何种暴力，甚至进行了屠杀，当年美国建国就杀死了无数印第安人。中国共产党作为中国民主力量的代表，作为一个长期为民主而奋斗的党，在战场上取得决定性优势的时候，并没有凭借枪杆子的力量独霸政权，而是同各民主党派和无党派人士一起，采取民主的方式，共同建立新中国。

① 《毛泽东传（1893—1949年）》下卷，中央文献出版社1996年版，第859页。

新中国成立后，中国共产党领导人民建立了人民当家作主的国家政权，实现了中国从几千年封建专制政治向人民民主的伟大飞跃。国家一切权力属于人民，既体现在国家根本性质上，又体现在国家政权组织形式上。

1949年9月，中国人民政治协商会议第一届全体会议的召开，标志着中国共产党领导的多党合作和政治协商制度的正式确立。这是新中国的一项基本政治制度。这种新型政党制度不同于旧式政党制度只代表少数人的利益，而是具有广泛的代表性、极大的包容性。它能够始终植根于人民，为最广大人民的根本利益服务，避免政党成为少数利益集团的代言人。它既有效避免了一党缺乏监督或者多党轮流执政、恶性竞争的弊端，又有效抵御“两院制”带来的互相牵制，议而不决、决而不行的顽疾。

1954年9月，第一届全国人民代表大会通过了《中华人民共和国宪法》，标志着人民代表大会制度的确立，开创了我国社会主义民主与法制建设的新阶段。这是中国人民在人类政治制度史上的伟大创造，是完全符合中国国情的一项根本政治制度，是中国人民翻身作主、掌握自己命运的必然选择。

民族区域自治制度是我国的一项基本政治制度，是中国特色解决民族问题的正确道路的重要内容和制度保障。1949年通过的《中国人民政治协商会议共同纲领》规定，各少数民族聚居地区应实行民族区域自治，即在国家的统一领导下，各少数民族聚居地区实行区域自治，设立自治区，行使自治权。这标志着民族区域自治制度已在我国建立。确立中华人民共和国国家结构形式，是统一的多民族国家和在单一制国家中的民族区域自治制度。

改革开放和社会主义建设新时期，邓小平提出：“必须使民主制度化、法律化，使这种制度和法律不因领导人的改变而改变，不因领导人看法和注意力的改变而改变。”随后，在他的亲自提议下，宪法中取消了“大鸣、大放、大字报、大辩论”这种“大民主”的做法，著名的“八二宪法”也得以制定。在党的十三大制定的党的基本路线关于建立富强民主文明的社会主义现代化国家的目标中，“民主”是重要目标。此后，在不断完善社会主义现代化强国的定语中，“民主”始终是中国共产党的重要奋斗目标。

党的十五大上，江泽民在阐述党在社会主义初级阶段基本纲领时，提出了什么是社会主义初级阶段有中国特色的经济、政治和文化，怎样建设这样的经济、政治和文化。他说：“建设有中国特色社会主义的政治，就是在中国共产党的领导下，在人民当家作主的基础上，依法治国，发展社会主义民主政治。”①

胡锦涛在党的十七大上提出了“中国特色社会主义政治发展道路”这一完整的科学概念。他指出：“要坚持中国特色社会主义政治发展道路，坚持党的领导、人民当家作主、依法治国有机统一，坚持和完善人民代表大会制度、中国共产党领导的多党合作和政治协商制度、民族区域自治制度以及基层群众自治制度，不断推进社会主义政治制度自我完善和发展。”②

党的十八大以来，以习近平同志为核心的党中央，坚持党的领导、人民当家作主、依法治国有机统一，健全人民当家作主的制度体系，发展全过程人民民主，坚定不移走中国特色社会主义政治发展道路，为党和国家事业取得历史性成就、发生历史性变革提供了重要政治保障。

一百多年来，特别是新中国成立70多年来，中国共产党始终在民主建设的道路上不懈地探索追求，经历过挫折，也取得了丰富的经验和成就。实践充分证明，中国式民主在不断向前发展，在中国行得通、很管用；人民民主是社会主义的生命，是全面建设社会主义现代化国家的应有之义。必须保持坚定的制度自信，不要指望突然搬来一座政治制度上的“飞来

① 《江泽民文选》第二卷，人民出版社2006年版，第17页。
② 《胡锦涛文选》第二卷，人民出版社2016年版，第634–635页。

峰”，要毫不动摇地沿着中国特色社会主义政治发展道路走下去，让社会主义政治文明焕发出更加耀眼的光彩。

（三）发展全过程人民民主

发展全过程人民民主是对我国社会主义民主的新概括、新论断、新要求，它生动地阐述了我国社会主义民主的特质和优势，丰富和发展了马克思主义关于民主的思想，为新时代发展中国特色社会主义民主政治指明了方向。

全过程人民民主，是指国家机器运转的每一个环节都需要体现民主，是全链条、全方位、全覆盖的民主，而不仅限于投票环节。我国全过程人民民主，独创性地把民主选举、民主协商、民主决策、民主管理、民主监督等各个环节相互贯通起来，保证人民在政治经济社会等方面充分享有知情权、参与权、表达权、监督权。这就有效避免了资本主义民主只有在投票时被唤醒、投票后进入休眠期的民主游戏，切实防止了选举时漫天许诺、选举后无人过问的现象。

民主选举依法推进。我国宪法规定，年满18周岁的公民，不分民族、种族、性别、职业、家庭出身、宗教信仰、教育程度、财产状况、居住期限，都有选举权和被选举权，但是依照法律被剥夺政治权利的人除外。在实践中，超过99%的年满18周岁的中国公民享有民主选举权利。

民主协商富有特色。毛泽东说过：“国家各方面的关系都要协商”，我们政府“可以叫它是个商量政府”。我国协商民主建设是全方位、多层次、立体化的。从中央到基层各个层级，涉及事关人民群众切身利益的问题进行广泛协商，找到全社会意愿和要求的最大公约数。协商民主有利于扩大公民有序参与、促进科学民主决策、化解矛盾冲突、保持党同人民群众的血肉联系，体现人民民主的真谛。西方国家许多情况下采取公投方式，以简单得票数多少直接决定重大事情。

民主决策科学有效。中央重大政策的制定，要经过上上下下、方方面面的协商、磋商，有的还要先在局部地区试点，然后在全国推广。某种意义上说，中国过去数十年的成功，就是越来越重视充分发扬民主，慎重集中决策的结果。然而，在西方，绝大多数情况下不涉及人民参与决策与立法，这是今天西方国家普遍接受的理论：人民的任务是通过投票产生一个政府，但不直接拥有“决定政治问题的权力”。普通民众与政策决定或立法决定没有什么关系。像美国政府可以随意发起对中国的贸易战，可以不跟农民、企业商量，这在中国是不可能的。

民主管理形式多样。通过依法选举、让人民的代表在党的代表大会、人民代表大会、政治协商会等来参与国家生活和社会生活的管理，同时，也要通过选举以外的制度和方式让人民参与国家生活和社会生活的管理，切实防止出现人民形式上有权、实际上无权的现象。全过程人民民主深入到中国社会基层治理的各个层面、各个角落。中国共产党通过网络、大数据等“微改革”“微创新”，不断拓展丰富人民的政治参与渠道，把全过程人民民主带到了老百姓的田间地头、掌上指尖。

民主监督扎实推进。让人民来监督政府，政府才不敢松懈。我国人民依照宪法和法律规定，有权对国家机关和国家工作人员提出批评和建议，有权对国家机关和国家工作人员的违法失职行为提出申诉、控告或者检举。

党中央制定关于国民经济和社会发展第十四个五年规划和2035年远景目标的建议是全过程人民民主的生动体现。习近平总书记多次深入地方考察调研，主持召开7场座谈会，广泛听取各领域各阶层人士意见建议。中央征求各地各部门意见建议，中央有关部门通过互联网就“十四五”规划编制向全社会征求意见和建议，收到人民群众建言101.8万条。文件起草组写出初稿，中央政治局常委会、中央政治局会议审议通过后，发各省、自治区、直辖市党委和中央各部党委、党组征求意见，修改后再经过中央全会讨论修改通过后形成建议稿。全国人大常委会围绕编制“十四五”规划纲要开展专题调研。规划纲要草案提请十三届全国人大四次会议审议后，根据全国人大代表、全国政协委员的意见，作出修改，最后形成高质量的共识。规划纲要通过后，各国家机关按照有关要求认真实施，中央办公厅、国务院办公厅加大督查力度，确保各项目标任务如期完成。从国际比较看，中国政治制度的战略规划和执行能力应当处于世界先进水平。一个接一个五年规划的顺利制订和成功执行奠定了中国迅速发展的稳固基础。西方国家没有生成这样的国家发展战略规划的土壤，主要是因为它们的选举周期和多党轮流执政的制度造成的。

（四）衡量民主好坏标准

多数西方人认为民主就是选举民主（或者叫代议制民主），或者是多党制加普选。西方通常把世界政治制度分为民主政体、威权政体、独裁政体，认为西方国家是民主政体，是最好的政体；中国是威权政体，是比较好的政体；朝鲜、伊朗是独裁政体，是最差的政体。现代西方民主制度运作超过300年，包含着反映历史进步的因素，但改革很少触及本质，目前陷入麻烦的境地。当然，西方民主变成今天这个样子不是偶然的，有着与生俱来的基因缺陷，本质上是为维护资产阶级统治和利益服务的。

评价一个国家政治制度是不是民主的、有效的，是好的还是坏的，各国国情不同，标准很难完全一致，但是也有些共性的东西。例如，看国家领导层能否依法有序产生优秀的领导人。从1982年党的十二大到2022年党的二十大，40年来，我们党和国家产生了一批又一批优秀的领导人。中国共产党建立起“任人唯贤”的党政干部选拔任用制度，各级领导干部主要是通过协商民主和选举民主相结合的形式产生。中国逐步形成了比较科学的培养和选拔党和国家领导人的制度安排，优秀国家领导人才不断涌现。西方是选举民主，选举是金钱政治，经常选出庸俗低能的政治人物。

这是中国民主与西方民主的重要区别。

同时，要看能不能促进经济繁荣发展和社会长治久安。新中国成立以来，特别是改革开放以来，中国创造了经济快速发展和社会长期稳定“两大奇迹”，这充分彰显了中国式民主的强大威力。塞尔维亚总统武契奇表示，中国取得的成绩让外界对中国政治制度的疑虑逐渐消除，中国应继续坚持适合自身发展并且带来成效的道路和制度体系。英国诺丁汉大学艺术系助理教授托马斯·巴克认为，发展中国家和贫穷国家的许多人把目光越来越多地投向中国，视之为政治稳定和经济增长与繁荣的典范。2017年11月13日美国《时代》周刊发表伊恩·布雷默的文章认为，中国的政治体制曾不断受到西方国家的质疑。就在5年前，西方一致认为，中国总有一天需要进行根本性的政治改革来维护政体合法性。但是，今天中国的政治经济体制甚至比第二次世界大战后主导国际秩序的美国更加完备、更可持续。在创造就业方面，作者认为在中国创造和保护就业机会要比在美国容易得多，中国领导人在治国理政中运用科技的方式是西方政府做不到的。

还要看执政党能否依照宪法法律规定实现对国家事务的领导。中国共产党依据宪法实行集中统一领导，支持人大、政府、政协和纪委监委、法院、检察院依法依章程履行职能，开展工作，发挥作用。中国有14亿多人口，规模相当于100个普通欧洲国家的人口总和，如果没有代表广大人民利益的党的领导，人民当家作主如何保证？民粹主义、金钱政治、民族分裂和西方的颜色革命如何防止？从苏联到埃及再到叙利亚不都是这样吗？西方政党是公开的“部分利益党”，是纪律松散没有政治力量的党，难以承担对国家事务的领导。

（五）享有最广泛最真实最管用的民主

最广泛的民主。毛泽东指出：“我们的这个社会主义的民主是任何资产阶级国家所不可能有的最广大的民主。”[①]这深刻指出了我国社会主义民主的广泛性。占世界近1/5人口的14亿多中国人民，在自己的国家和社会生活中当家作主，享有广泛的民主权利，唯有中国共产党有这样的威望和能力，统筹好各方利益和诉求，形成最大公约数，凝聚起全社会的共识和力量为共同目标而奋斗，从根本上保证人民当家作主。这是由公有制的主体地位所决定的。

2022年9月17日美国“纽约时报”网站发表题为《危机来临：美国民主面临双重威胁》的文章称，对美国民主来说，有一个威胁长期存在并日益严重：政府决策的权力越来越与舆论脱节。过去4位总统中有两位是在普选票落后的情况下就职的。代表多数美国人的参议员往往无法通过法案，一部分原因是阻挠议事的情况越来越多。就连最能体现民众意愿的政府机构众议院也并不总是能真正体现民众的意愿，这又是因为选区的划分存在问题。哈佛大学政治学教授史蒂文·列维茨基说：“我们无疑是世界上最反多数主义的民主国家。”

最真实的民主。比较一下中美两国的民主，中国每年召开的各级人民代表大会讨论的事情就是基层老百姓真正关心的事情。美国国会讨论的议题大都还是通过利益集团和游说组织来设置的。中国这些年进步快，美国却退步快，与两国民主质量有关。过去十多年里，中国的人大密集讨论过“三农”问题、扶贫问题、防疫问题、义务教育问题、医疗改革问题、养老问题、环境问题，等等。这都是民众真正关心的问题，然后提出各种对策，这就叫实质民主。美国可能做到吗？现在是21世纪了，美国国会讨论的议题许多还是通过利益集团和游说组织来设置的。

当然，资本主义国家攻击中国民主的人不会少，但是，世界对中国民主水平的认识，随着实践发展已得到越来越多人的认可，这也是客观事

① 《毛泽东文集》第七卷，人民出版社1999年版，第207页。

实。这是中国民主的胜利，也是世界民主的胜利。

最管用的民主。“行得通、很管用”，这是衡量民主效能的重要标准。中国式民主的显著优势——妥善处理眼前利益与长远利益的关系。中国不搞民粹主义，不需要向特殊利益集团低头，也不需要担心选票。在中国共产党的统一领导下，立法机关、行政机关、监察机关、司法机关分工协作、相辅相成，而不是相互攻击、相互拆台。中国民主能防止“议而不决”“决而不行”的内耗和资源浪费。中央作出重大决定，就能做到全国一盘棋，集中力量办大事。中国民主给人民带来真正看得见、摸得着的利益，也就是人民有更多“获得感”，而不能成为“清谈俱乐部”，那样会“空谈误国”。

因此，总结中国共产党夺取政权和长期执政合法性的重要一条，就是要始终坚持民主，实行民主。

三、民生

江山就是人民，人民就是江山。中国共产党领导人民打江山、守江山，守的是人民的心。为民造福是立党为公、执政为民的本质要求。民生无小事，枝叶总关情。民生问题历来是治国理政的主要问题。治国理政，民生为大。民生稳，人心稳定，社会就稳。古今中外，概莫能外。中国历史有数千年的民本经济传统，有“民惟邦本，本固邦宁”的古训，也就是说人民是国家的基石，只有巩固国家的基石，国家才能安宁，而民生问题解决得好坏，将决定一个国家的前途命运。

（一）人民对美好生活的向往就是党的奋斗目标

习近平总书记在十八届中共中央政治局常委同中外记者见面时讲到，人民对美好生活的向往，就是我们的奋斗目标。这句朴实无华的话语，在全国人民中引起了强烈的反响。百余年来，中国共产党做的一切工作，都是为了人民过上美好的生活。

近代中国是一个经济文化落后的国家，人民群众最热切的愿望是改变中国贫穷落后的面貌，改变广大人民群众贫苦的生活状况。在中国实行民主，决不能离开民生空谈民主。这就是中国的国情。在革命时期，毛泽东认为，中国共产党的中心任务是动员广大群众参加革命战争，以革命战争打倒帝国主义和国民党反动派，但是要完成这个中心任务，就必须满足群众的需要。他在《关心群众生活，注意工作方法》这篇文章中，就要求解决群众的穿衣问题、吃饭问题、住房问题、柴米油盐问题、疾病卫生问题、婚姻问题。后来，在抗日战争和解放战争中，他总是要求关心群众生活，给人民看得见的物质利益，而人民报之以“李”，跟着中国共产党闹革命。

更进一步说，中国共产党之所以能够得人心，就在于围绕民生推进民主，依靠民主解决民生，最典型的就是中国共产党在解放区领导的土地改革，在民主与民生的互动中获得了民心。在中国共产党决定夺取全国政权的时候，毛泽东根据新民主主义理论，提出了三大经济纲领，这就是：没收封建阶级的土地归农民所有，没收垄断资本归新民主主义的国家所有，保护民族工商业。同时，制定了“发展生产、繁荣经济、公私兼顾、劳资两利”的方针。这样的经济纲领和经济工作指导方针，核心是要解决中国的民生问题。为什么这样说呢？首先，发展生产，繁荣经济，是为了解决中国的民生问题。在党的七届二中全会上，毛泽东明确指出：“从我们接管城市的第一天起，我们的眼睛就要向着这个城市的生产事业的恢复和发展。”城市中的其他工作，“都是围绕着生产建设这一个中心工作并为这个中心工作服务的”[①]。目的就是解决中国的民生问题。

① 《毛泽东选集》第四卷，人民出版社1991年版，第1428页。

新中国成立之初，毛泽东在党的七届三中全会时讲得更明白，我们实行调整工商业政策的目的之一，就是为了减少工人失业。正由于实行了这样一整套符合国情特别是当时实际状况的政策，新中国成立不到3年时间，我们就恢复了国民经济，创造了一个奇迹。同时，人民政府在发展经济的基础上，平稳接管旧社会政府人员，废除陋习、取缔妓院改造妓女、开展教育扫盲运动，建立人民医院、办好人民教育，开展农村卫生运动，大搞农田水利建设，等等，这些都取得了伟大的进步和成就。到改革开放前，农村比较富裕的家庭有手表、自行车、缝纫机这三大件。

改革开放时期，随着农村家庭联产承包责任制的实施和城市各项改革的展开，以市场取向为基础的改革，逐渐解决了人民挨饿问题、温饱问题、商品严重短缺问题，人民生活逐渐好起来，芝麻开花节节高，一年更比一年好。20世纪80年代，中国比较富裕的家庭有新三大件：彩电、冰箱、洗衣机。21世纪初，许多家庭新的三大件更新换代：车子、房子、票子。

党的十九大作出对新时代中国特色社会主义主要矛盾发生变化的重要论断，强调人民日益增长的美好生活需要和不平衡不充分的发展之间的矛盾是我国社会主要矛盾。人民群众需求层次不断升级，好日子又有了新向往。党中央顺应人民对新生活多元化需求，提出了一系列惠民利民的重大政策，更加注重增进民生福祉，更加关注社会公平正义，努力为人民提供更好的教育、更稳定的工作、更满意的收入、更可靠的社会保障、更高水平的医疗卫生服务、更舒适的居住条件、更优美的环境、更丰富的精神文化生活，不断增强人民群众的获得感、幸福感和安全感。

中国共产党对人民生活的关心，要求坚持尽力而为、量力而行。一方面，尽全力解决好人民群众急难愁盼问题，另一方面，从实际情况出发，把人民当前利益和长远利益结合起来，绝对不搞西方民粹主义。

（二）就业是最大的民生工程

就业是民生之本，是人民群众最关心最直接最现实的利益问题之一。就业直接关系万家灯火。就业工作搞好了，人民群众生活水平就能不断提高，社会就会更加和谐稳定，经济增长也会获得更为强劲的动力。中国是人口大国，就业任务繁重。党中央一直实施就业优先战略和更加积极就业政策。

党的十八大以来，我国经济规模高质量发展持续推进，新发展格局加快构建，新的就业增长点不断出现，为稳定和扩大就业打下了坚实基础。受新冠疫情和多种因素影响，世界经济复苏乏力，我国经济发展也遇到不少困难，但是，党中央、国务院始终将就业作为改善民生的头等大事，坚持把就业摆在“六稳”“六保”首位，全面实施就业优先政策，采取多种政策扩大就业，就业形势稳定。这主要表现在：城镇就业人数继续增长，失业率保持在合理区间。2018—2019年，全国城镇调查失业率始终稳定在5.0%左右的较低水平。2021年12月稳定在5.1%，经济转型助推就业、就业结构不断优化，劳动保障逐步完善，就业质量稳步提升。

（三）加强社会保障体系建设

社会保障发挥着社会稳定器作用。英国是世界上最早建立福利制度的国家，这是对资本主义造成贫富差距进行深刻反思的结果。自从第二次世界大战后，西方发达国家面对苏联福利政策和苏联奇迹的挑战，以及国内民众的需求，凯恩斯经济学注意政府调配导向政策，大力推行教育、医疗、养老甚至住房的均等化。这减轻了发达国家底层民众的负担，促进了中产阶级迅速壮大，这些就成为福利社会的基本表征。每一个人从摇篮到坟墓，都不必担心自己衣食无着。当然，这给公共开支造成巨大负担，希腊债务危机与太高的社会福利开支有关，英国、法国也面临巨大的福利开支。可是政府却不敢减福利开支，因为怕老百姓接受不了。没有哪一个政治家敢冒着选票锐减的风险去削减福利开支，这是由西方民主制度的缺陷造成的。英国撒切尔首相和美国里根总统时期，西方开始扭转社会主义导向的福利政策，推行古典自由主义经济政策，造成贫富差距扩大，引起社会不安。这次疫情暴露了美国卫生体制的缺陷。在美国，3000万人没有医疗保险，还有4000万人只能享有不完善的保险计划，并且费用高昂，只能在极端情况下使用。

我国坚持社会保障要兜底，完善最低生活保障制度。全面建成覆盖全民、城乡统筹、权责清晰、保障适度、可持续的多层次社会保障体系。建成世界上规模最大的教育体系、社会保障体系、医疗卫生体系，教育普及水平实现历史性跨越。统筹城乡社会救助体系，保障妇女儿童合法权益，发展残疾人事业，提高社会福利水平。坚持房子是用来住的，让全体人民住有所居。

（四）推进健康中国建设

没有全民健康，就没有全面小康。坚持基本医疗卫生事业的公益性，实施健康中国战略。目前中国已建成世界上规模最大的基本医疗保障网，全国基本医疗保险参保人数超过13.5亿人，覆盖面稳定在95%以上，基本实现全覆盖。应对这次新冠患者救治工作，中国坚持人民至上、生命至上，前所未有调集全国资源开展大规模救治。美国是在世界上最富裕的国家，新冠疫情暴露其医疗体系不能有效应对社会公共卫生事件，对利润的重视超过了对生命的关注：盈利优先于人，成本优先于护理。民众因担心费用高昂而不敢看医生，医护人员可能面临失业或福利减少，而保险公司不会蒙受损失。

（五）建设美丽中国

据研究发现，西方发达国家在现代化过程中，污染相当严重。恩格斯写的《英国工人阶级状况》就反映了工业城市曼彻斯特的环境污染问题。20世纪中叶，伦敦大气污染相当严重。这些国家是在人均国内生产总值达到很高的水平才开始正视环境问题，把环境保护等纳入内在发展的成本约束中。而我国在现代化进程中，很早就重视环保问题。在“十一五”时期，人均国内生产总值水平很低，还没有完全摆脱贫困的时候，党中央和国务院就要求各地各部门要高度重视环境保护问题，并开始制定环境保护的系统和约束性指标。

习近平总书记更是把环境保护问题提到前所未有的战略高度，反复强调，建设生态文明，关系人民福祉，关乎民族未来。生态环境保护就是为民造福的百年大计。在生态环境保护问题上，就是要不能越雷池一步，否则就应该受到惩罚。推动形成绿色发展方式和生活方式。统筹山水林田湖草沙系统治理。坚持把绿色作为新发展阶段的新发展理念，把美丽中国作为社会主义现代化强国的一个重要目标。这次在党的二十大报告中专门列出专题加以强调，表明我们尊重自然的历史自觉。我国绿色循环、低碳发展迈出坚实步伐，生态环境保护发生历史性、转折性、全局性变化，祖国天更蓝、山更绿、水更清。

（六）中国人民生活改善显著

新中国成立时，全国人民就业率低，人民收入少，吃住行穿等生活条件都比较差，教育医疗卫生体育都相当落后。新中国成立70多年，中国人民生活水平发生了翻天覆地的变化。截至2021年年底，我国经济总量稳居世界第二，人均国内生产总值突破1万美元，进入中等高收入国家行列。居民人均可支配收入增加到3万多元，拥有世界最大规模的中等收入群体。机场、高铁、铁路、公路、水路建设排名世界前列，交通十分便利。中等收入群体4亿多人。房子、车子进入百姓家，人民居住条件和交通条件大为改善。义务教育入学率接近100%，高等教育发展快。健康卫生医疗条件大为改观，60岁以上的人口有2亿多。新农村建设扎实推进，常住人口城镇化率超过60%。特别是改革开放以来，7亿多人口脱贫，完成了消除绝对贫困的艰巨任务，创造了人类历史上的反贫奇迹。中国人民从历史的纵向比较和国际的横向比较中，深深感到生活条件得到极大改善，充满自豪感、幸福感，自信自强，正在意气风发地在中国特色社会主义道路上继续前进。中国人民生活变化引起世界瞩目，各国人民称赞之声不绝。美国未来学家约翰·奈斯比特所说："中国共产党之所以得到人民的支持不是因为她本身的名字，而是因为实实在在的成绩……她为自己的国家和人民带来了巨大的进步。"

因此，总结中国共产党夺取政权和长期执政合法性的不可缺少的一条，就是要重视民生、改善民生。

重视民心、民主、民生，是中国共产党夺取政权和长期执政合法性的生动体现。中国共产党领导人民打江山、夺取政权源于人心所向，是历史的选择，是人民的选择。中国共产党领导人民守江山、执掌政权，也是源于人心所向，是历史的选择，是人民的选择。中国共产党要为人民长期执好政、掌好权，无论遇到什么问题，都要始终重视民心、民主、民生。

第四章

中国共产党创造更加光明的未来

回顾百余年历史，中国共产党所做的一切，出发点和落脚点都是代表中国最广大人民的根本利益，是全心全意服务人民的，始终保持着服务人民、感恩人民、依靠人民、敬畏人民的优秀品德，深得人民的信任和爱戴。

展望新时代新征程，我国发展进入战略机遇和风险挑战并存、不确定难预料因素增多的时期，各种“黑天鹅”“灰犀牛”事件随时可能发生。世界之变、时代之变、历史之变的时代特征更加明显。世纪疫情影响深远，逆全球化思潮抬头，单边主义、保护主义明显上升，世界经济复苏乏力，局部冲突和动荡频发，全球性问题加剧，世界进入新的动荡变革期。

人民要问中国共产党，“民可以载舟，亦可以覆舟”的历史教训能否不断汲取？“根基在人民、血脉在人民、力量在人民”的信仰能否依旧忠贞不渝？“一切依靠人民、一切为了人民”的担当能否依然坚定不移？“其兴也勃焉，其亡也忽焉”的兴衰怪圈能否继续跳出？

2022年10月，在北京隆重召开的中国共产党第二十次全国代表大会鲜明地回答了这些问题。这是在两个百年交汇点，总结第一个百年，又是新的百年奋斗目标的起点的关键时期，在世界百年未有之大变局加速演进、巨大风险挑战接踵而来的严峻形势下，二十大向党内外、国内外鲜明宣示，中国共产党和中国人民在新征程上举什么旗、走什么路、以什么精神状态、朝着什么样的目标继续前进。

党的二十大提出，从现在起，中国共产党的中心任务就是团结带领全国各族人民全面建成社会主义现代化强国、实现第二个百年奋斗目标，以中国式现代化全面推进中华民族伟大复兴。可以说，中华民族伟大复兴的目标宏伟、道路科学、措施得力。

我们相信，在新征程上，中国共产党必将抓住历史机遇，迎接严峻挑战，破解独有难题，不忘初心使命，实现高质量发展，不断改革开放，确保国家总体安全，带领中国人民实现中华民族伟大复兴；中国人民在中国共产党领导下为实现中国梦而奋斗的征程中，将不断增加获得感、幸福感和安全感。

一、解决大党独有难题

全面建设社会主义现代化国家，是一项前无古人的开拓性事业，必然遇到许多风险与挑战，可谓前途光明，任重道远。中国共产党是中国式现代化事业的领导核心，在国内面临的执政考验、改革开放考验、市场经济考验、外部环境考验将长期存在，精神懈怠危险、能力不足危险、脱离群众危险、消极腐败危险将长期存在。

中国共产党作为世界上最大的马克思主义执政党，要始终赢得人民拥护、巩固执政地位，必须时刻保持解决好大党独有难题的清醒和坚定。

习近平总书记指出："我们党历史这么长、规模这么大、执政这么久，如何跳出治乱兴衰的历史周期率？"这一发人深省的提问，既揭示了我们党自身发展的鲜明特点，也提出了党的领导和党的建设面临的全新课题。

从历史长的角度看，我们党形成了许多弥足珍贵的光荣传统和历史经验，培育了许多可歌可泣的伟大精神，这是我们党长期执政、增强历史主动的根本所在。同时，我们党长期执政，少数党员、干部思维惯性、行为惰性客观存在，会不会像国外一些老党那样变得保守僵化、暮气沉沉、腐败成风，这种危险不容忽视。

从规模大的角度看，我国党有9900多万名党员。习近平总书记指出："我们党是世界上最大的政党，大就要有大的样子，同时大也有大的难处。"比如，党员人数和党组织数量持续增加，但是干部队伍素质良莠并存、参差不齐问题难以避免，统一全党的思想和行动的难度在加大，管党治党、兴党强党的难题在增加。

从执政久的角度看，在长期执政条件下，我们党赢得了人民的衷心拥护和广泛支持，但执政几十年承平日久，有的党员干部缺乏严峻斗争和艰苦环境的磨砺，容易在执政业绩的光环下，出现忽视自身不足、忽视自身问题的现象，陷入“革别人命容易，革自己命难”的境地，这将严重侵蚀党的执政基础。

2023年1月9日，习近平总书记在党的二十届中央纪委第二次全体会议上发表的重要讲话时指出，如何始终不忘初心、牢记使命，如何始终统一思想、统一意志、统一行动，如何始终具备强大的执政能力和领导水平，如何始终保持干事创业精神状态，如何始终能够及时发现和解决自身存在的问题，如何始终保持风清气正的政治生态，都是我们这个大党必须解决的独有难题。解决这些难题，是实现新时代新征程党的使命任务必须迈过的一道坎，是全面从严治党适应新形势新要求必须啃下的硬骨头，也是中国共产党创造更加美好未来必须解决的独有难题。

面对快速变动的世界和深刻变化的中国，以习近平同志为代表的中国共产党人，紧紧围绕新时代党的使命任务，深刻总结并运用党的历史经验，从新的实际出发，提出一系列原创性的治国理政新理念新思想新战略，深刻回答中国之问、世界之问、人民之问、时代之问，创立了习近平新时代中国特色社会主义思想。在伟大实践中，用新的理论指引我们党解决好大党面临的这些独有难题。

（一）不忘初心、牢记使命

习近平总书记用“六个如何始终”集中概括了我们这个大党必须解决的独有难题，其中，“如何始终不忘初心、牢记使命”被置于首位，蕴含着全面而深刻的政治考量。

党的初心使命是党的性质宗旨、理想信念、奋斗目标的生动体现。为中国人民谋幸福、为中华民族谋复兴，既是激励中国共产党人英勇斗争、不断前进的根本动力，也是我们党赢得人民信任与支持、取得重大成就的根本原因。初心使命贯穿我们党的百年奋斗历史。走在新征程上，有人走着走着就忘记了为什么出发，忘记了中国特色社会主义共同理想和共产主义远大理想，忘记了为了谁、依靠谁、我是谁，丧失了共产党人的本色。这些年来查处的不少腐败分子，之所以跌入违法犯罪的深渊，从根本上讲就是把初心和使命抛到九霄云外去了。

党的十八大以来，习近平总书记对党的初心和使命看得重、讲得透，有着鲜明的现实针对性。习近平总书记深刻地指出，“一个政党也好，最难得的就是历经沧桑而初心不改、饱经风霜而本色依旧”“初心不会自然保质保鲜，稍不注意就可能蒙尘褪色，久不滋养就会干涸枯萎”，并把坚定理想信念作为新时代加强党的建设的永恒课题和广大党员干部的终身课题，要求长期抓、持续抓、深入抓。党的十九大以来，全党深入开展“不忘初心、牢记使命”主题教育、党史学习教育，开展学习贯彻习近平新时代中国特色社会主义思想主题教育，成效显著，广大党员不断增强坚守初心使命的政治自觉、思想自觉、行动自觉。始终做到不忘初心、牢记使命，还要靠制度规范提供指引和遵循。党的十九届四中全会提出建立不忘初心、牢记使命的制度，作为坚持和完善党的领导制度体系的重要政策举措。党的二十大党章修正案在总纲第十自然段，增写关于“初心使命”的内容，反映了全党的共同心声和强烈愿望，意义十分重大。它将有利于激励全党弘扬伟大建党精神，赓续红色血脉，保持党的先进性和纯洁性，永葆党的政治本色；有利于激励全党站稳人民立场，始终坚持人民至上，全心全意为人民服务，保持同人民群众的血肉联系；有利于激励全党从党的百年奋斗史中汲取智慧和力量，以史为镜、以史明志，继续走好新的赶考之路。要坚持以构建制度体系促进和保障广大党员不忘初心、牢记使命。

新征途上坚守“不忘初心、牢记使命”，要求广大党员在实践中把握新时代党的群众路线。一百多年来，中国共产党在指导思想上坚持一切为了群众、一切依靠群众的群众观点，在党的实际工作中坚持从群众中来、到群众中去的领导方法和工作方法，形成了党的群众路线的丰富实践。根据形势、任务和具体实际的变化，我们党不断地丰富和发展党的群众路线。

从社会主要矛盾变化看，中国特色社会主义进入新时代，我国社会主要矛盾已经转化为人民日益增长的美好生活需要和不平衡不充分的发展之间的矛盾。我国全面建成小康社会，人民美好生活需要日益广泛，不仅对物质文化生活提出了更高要求，而且在民主、法治、公平、正义、安全、环境等方面的要求日益增长。发展不平衡不充分已经成为满足人民日益增长的美好生活需要的主要制约因素。这对党更好把握新时代的群众路线提出了新要求。

从社会结构变化看，首先，是中国工人阶级的队伍发生了大变动。知识分子成为工人阶级日益重要的一部分，几亿农民工已进入工人阶级队伍，工人阶级队伍迅速壮大。大批产业工人从国有企业转移到混合所有制企业，多种所有制经济的活力竞相迸发。工人阶级队伍中存在的不同利益诉求不断增加。其次，是中国农民阶级队伍发生更大变化。在农村土地所有权、承包权、经营权分离而经营权可以流转的改革实践中，大批新农民在城乡之间、各大城市之间流动着。全国农村整体脱贫，全面推进乡村振兴正在进行，农民阶级队伍中存在的不同利益诉求不断增加。最后，是在改革开放中成长起来的包括民营企业家在内的新社会阶层人士也发生重大变化。特别是随着电商等新经济新业态的迅猛发展，大批新就业群体已经成为新一代社会主义现代化建设者，他们的利益诉求也在不断增加。

从年龄结构看，我国现在60岁以上人口2亿多，18岁以下人口3亿多，80后、90后、00后的新青年，他们是工业生产大军、农业生产大军、教育大军、科技大军、文化大军、创新大军、网络大军中的生力军。若干年之后，他们自然将从生力军变成主力军。他们朝气蓬勃、独立意识强、创新精神足，是实现第二个百年奋斗目标和中华民族伟大复兴中国梦的主力军，代表的是中国的未来。不同年龄的人群诉求是不同的。

从互联网信息平台看，我国几亿网民在网上获得信息、交流信息，这对他们的求知渠道、思维方式和价值观念，特别是对国家、社会、工作和人生的看法，都会产生重要影响。网民大多数是普通群众，来自四面八方，经历不同，观点和想法五花八门，还会有这样那样的怨气怨言、偏颇看法。那么，怎样对待这种情况呢？习近平总书记明确指出：“网络空间是亿万民众共同的精神家园。”“网民来自老百姓，老百姓上了网，民意也就上了网。”习近平总书记要求各级党政机关和领导干部要善于运用网络了解民意，学会通过网络走群众路线，强调对网民的观点和看法要“多一些包容和耐心”“为了实现我们的目标，网上网下要形成同心圆”。

新时代党的群众路线面临新的形势任务，中国共产党在新征程上需要继续坚持以人民为中心的发展思想，在治国理政上与最广大人民群众多联系、多沟通、多商量，努力形成共识、制定科学政策、团结奋斗，让全体人民在高质量发展中有更多获得感，体现新阶段的群众路线，不断增强党的阶级基础和扩大党的群众基础。

放眼全球，在国际共产主义运动历史上，中国共产党经过长期革命斗争形成的群众路线，是前无古人的伟大创造。而在当代世界政治史上，中国共产党新时代坚持的群众路线，又以其在新实践中方兴未艾的新发展而日益凸显出独特的历史创造性和优越性。

（二）统一思想、意志和行动

在大党必须解决的“六个如何始终”的独有难题中，如何始终统一思想、统一意志、统一行动，关系党中央集中统一领导，关系党和人民事业的前进方向。这是我们党百年历史经验的深刻总结，更是对新征程上各种现实挑战的积极应对，充分体现了党直面自身建设难题的清醒和坚定不移推进全面从严治党的意志品质。

统一思想、统一意志、统一行动是我们党一以贯之的政治优势。习近平总书记指出，“旗帜鲜明讲政治、保证党的团结和集中统一是党的生命，也是我们党能成为百年大党、创造世纪伟业的关键所在”。党百年奋斗的历史经验表明，党的团结和集中统一确保了全党步调一致向前进，锻造出一个坚强有力的大党。

从世界政党发展的经验教训看。世界上一些大党老党失败的教训给我们提供了深刻的警示，一个大党老党如果党内无法实现团结统一，派系林立、内斗频繁、冲突加剧，必然走向分崩离析。政治纪律被动摇了，谁都可以言所欲言、为所欲为，这样的政党也就成为“乌合之众”。

当前，我国发展面临国际国内诸多新情况新挑战，进入战略机遇和风险挑战并存、不确定难预料因素增多的时期。迫切需要全党保持思想统一、政治团结、行动一致，这样才能让全党团结成“一块坚硬的钢铁”，凝聚起更好履行新时代使命任务的磅礴力量，继续创造更加辉煌的成就。

坚持和加强党中央集中统一领导。党的理论路线方针政策，是全党乃至全国各族人民统一思想、统一意志、统一行动的基础和依据。需要深刻领悟“两个确立”的决定性意义，不断落实“两个维护”的制度机制，完善党中央重大决策部署落实机制，以有效的日常监督促进各项政策落实落地。党的领导干部要带头向党中央看齐，在“国之大者”上始终时刻保持清醒和坚定。

坚持不懈用党的创新理论武装全党。这是全党统一思想、统一意志、统一行动的基础性工作。需要坚持不懈用习近平新时代中国特色社会主义思想凝心铸魂，不断增强全体党员对马克思主义中国化时代化最新成果的深刻领会，推动党员在逐步深化认识中提高思想政治素质，增强贯彻落实的思想自觉和行动自觉。

健全和落实民主集中制的各项具体制度。民主集中制是党的根本组织制度和领导制度，也是保证党的团结统一的重要法宝。贯彻民主集中制，不断健全和认真落实民主集中制的各项具体制度，既用制度确保党内民主的发扬，不断增强党的生机活力，又用制度为正确的集中提供保障，防止议而不决、决而不行，努力造成既有集中又有民主、既有纪律又有自由、既有统一意志又有个人心情舒畅生动活泼的局面。

加强党的纪律建设，增强全党纪律意识。我们这个大党，在一个大国执政，如果党的纪律不严明，党的凝聚力和战斗力就会大大削弱，党的团结统一无疑就会受到严重影响。要把纪律建设摆在突出位置，特别要严明党的政治纪律，使全党形成遵规守纪的高度自觉。党的各级组织自觉担负起执行和维护政治纪律的责任，加强对党员遵守政治纪律的教育和监督。纪检监察机关作为管党治党的重要力量，需要自觉担负起维护党中央权威和党的团结统一的职责使命。

当今世界，没有任何一个政党像中国共产党这样重视统一思想、统一意志、统一行动，也没有任何一个政党能够像中国共产党这样富有凝聚力、组织力和执行力。这是中国共产党的优良传统，也是党战胜一切困难的思想基础和组织基础。

（三）具备强大的执政能力和领导水平

在大党必须解决的“六个如何始终”的独有难题中，如何始终具备强大的执政能力和领导水平，事关党和国家长治久安、事关中华民族伟大复兴事业、事关中国人民的幸福生活，是中国共产党治国理政必须不断探索并努力回答的重要战略课题。党的二十大通过的党章提出“不断提高党的领导水平和执政水平”。

我们党是在一个14亿多人口的大国长期执政的马克思主义政党，要始终成为时代先锋、民族脊梁，自身本领必须始终过硬。这就要求党的执政能力和领导水平过硬。我们党在一百多年的历史进程中，从革命时期的局部执政，到新中国成立后的全国执政，积累了丰富的经验，党的领导水平和执政水平不断提高。

新征途上，我们党面临的改革发展稳定任务之重、矛盾风险挑战之多、治国理政考验之大，都是世所罕见的。中国式现代化是不同于西方现代化模式的新图景，是一种全新的人类文明形态，拓展了发展中国家走向现代化的路径探索，没有现成模式和答案可供借鉴，这对我们党的执政能力和领导水平提出崭新要求。

在长期执政条件下，干部队伍中思维惯性、行为惰性客观存在，一些旧观念、旧套路容易相沿成习，凭经验办事、拍脑袋决策时有耳闻。现在领导干部学历比较高，很多人有博士、硕士学位，但仍然存在“本领恐慌”、能力不足的问题。履行好党和人民赋予的新时代职责使命，领导干部必须全面增强各方面本领，努力成为本职工作的行家里手，不断提高科学执政、民主执政、依法执政水平。这就需要进一步强化党的执政能力和领导水平，不断总结党的执政经验，深刻把握党的执政规律；需要运用党的创新理论研究新情况、解决新问题、总结新经验、探索新规律，扑下身子干实事、谋实招、求实效，加强调查研究工作，更好为科学决策服务；需要紧紧围绕党中央重大决策部署，紧密结合国家重大战略需求，组织开展务实管用的专业化能力培训，重点提升领导干部推动高质量发展本领、服务群众本领、防范化解风险本领，不断提高政治能力、调查研究能力、科学决策能力、改革攻坚能力、应急处突能力、群众工作能力、抓落实能力等。

不断强化党的基层组织的政治功能和组织功能。基础不牢，地动山摇。基层组织坚强有力，才能保证党在基层各项工作落到实处，保证党的路线方针政策走好“最后一公里”。发挥好党的基层组织在宣传群众、组织群众、引导群众等方面的作用，发挥广大党员干部的模范带头作用，以基层党的建设引领基层各项工作的开展，使基层群众受教育、得实惠。

（四）保持干事创业精神状态

在大党必须解决的“六个如何始终”的独有难题中，如何始终保持干事创业精神状态，关乎党的前途命运，关乎事业的兴衰成败。人无精神不立，党无精神不强。一个政党拥有什么样的精神状态，能否始终保持干事创业精神状态，对党的事业兴旺发达有至关重要的作用。正如习近平总书记所强调的，“我们党之所以历经百年而风华正茂、饱经磨难而生生不息，就是凭着那么一股革命加拼命的强大精神。”

创业不易，守业更难。现在干部队伍中，一些人没有参加过血与火的严酷斗争，没有经历过艰难困苦的锤炼磨砺；尤其一些年轻干部经受政治历练少、接受组织考验时间短，看问题格局不大、视野不宽，难免会受到“躺平”等观念影响。这容易使他们选择安于现状、贪图享乐，不思进取、不敢斗争。这些问题如果不解决，必然影响党的路线方针政策的正确制定与贯彻落实，贻误党和人民的事业发展。

全面建设社会主义现代化国家、全面推进中华民族伟大复兴，都是开创性事业，不是轻轻松松、敲锣打鼓就能实现的，必然会遇到各种可以预料和难以预料的风险挑战甚至惊涛骇浪。需要始终保持干事创业精神状态，保持艰苦奋斗、奋发有为的精气神，敢于斗争、善于斗争，勇于担当作为，全力战胜前进道路上各种困难和挑战，依靠顽强斗争不断打开事业发展新天地；需要不断开拓创新、锐意进取，主动作为、自觉而为，适应新形势新任务，确立新理念，明确新思路，掌握新方法，增强新本领，摆脱旧的路径依赖，走出新的通途坦途；需要持续改进作风、久久为功，既有拼劲又有韧劲，钉得准、钉得深、钉得牢，确保干一事成一事、不断积小胜为大胜。

（五）及时发现和解决自身存在的问题

在大党必须解决的“六个如何始终”的独有难题中，如何始终能够及时发现和解决自身存在的问题，关乎党的生机和活力，关乎人亡政息。习近平总书记告诫全党，“对自身存在的问题不能反应迟钝，处理动作慢腾腾、软绵绵，最终人亡政息！”

实践充分表明，执政党执政时间越长，越要加强自身建设，不能有丝毫松懈。中国共产党在一百多年历史中，在许多重大关头，都能够及时发现和解决自身存在的问题，使党在困难中继续前行，始终保持着蓬勃向上和旺盛活力。

中国特色社会主义进入新时代，中华民族伟大复兴进入关键时期。世情国情党情的深刻变化，加剧了我们党自身存在的问题的复杂性。封建主义和剥削阶级的残余思想的影响，对外开放带来的西方资产阶级价值观念和生活方式的渗透，发展社会主义市场经济引发的消极现象和腐败问题的滋生，有的地方和部门党组织管党不力、治党不严使自身存在的问题蔓延。

党的十八大以来，以习近平同志为核心的党中央以敏锐的战略眼光及时发现自身存在的问题，发挥党敢于直面问题、勇于修正错误的优良传统，以科学的态度和方法把握自身存在的问题。强化问题意识，保持战略定力。坚持以辩证的思维、发展的观点、动态的眼光看待党内存在的问题。对自身存在的问题，坚持以彻底的自我革命精神切实予以解决。强化标本兼治，注重综合治理。既解决老问题，又发现新问题，既解决显性问题，又解决隐性问题，努力形成总体效应。强化精准施策，开展靶向整治。坚持有的放矢、精准发力，真刀真枪解决实际问题。强化建章立制，严肃执规执纪。搞好制度“供给侧结构性改革”，在建章立制上下功夫，努力扫除问题滋生蔓延的土壤。强化制度执行，在执规执纪上下功夫，增强党内法规权威性和执行力。

（六）保持风清气正的政治生态

在大党必须解决的“六个如何始终”的独有难题中，如何始终保持风清气正的政治生态，关系着党的形象和人心向背。习近平总书记多次从战略高度深刻阐释政治生态建设的极端重要性，强调这是党的建设中带有根本性、基础性的问题，关乎党的团结统一，明确把积极向上、正气充盈、政治清明、风清气正等作为衡量政治生态的重要标准。

为政清廉才能取信于民，秉公用权才能赢得人心。我们党作为执政党，面临的最大威胁就是腐败。如果人民群众反映强烈的党内突出问题长期得不到解决，我们党就可能失去执政资格、被历史淘汰。百年党史有力证明，什么时候党内政治生活健康，党内政治生态风清气正，全党就能团结一致，党的事业就进展顺利。

党的十八大以来，以习近平同志为核心的党中央着眼于新形势、新任务，深入思考新形势下如何营造廉洁从政的政治生态问题。在大力推进党风廉政建设和反腐败斗争的实践中不断深化理论思考，提出了一系列新理念新思想新战略。同时，采取了一系列行之有效的举措大力推进政治生态建设。比如，坚持把政治建设放在统领地位，保证全党坚决做到“两个维护”；严明党的政治纪律和政治规矩，坚决杜绝“七个有之”；制定《关于新形势下党内政治生活的若干准则》，严肃党内政治生活；提出并坚持新时代党的组织路线，坚持以德为先、事业为上，突出政治标准选人用人；坚持以严的基调强化正风肃纪，一体推进不敢腐、不能腐、不想腐，推动党内政治生态持续好转；等等。其力度、速度、深度和广度，在新中国历史上前所未有。全面净化党内政治生态取得重大进展，大大提振了党心民心军心，赢得了国际社会的普遍赞誉。

良好政治生态的营造要靠全党上下不懈努力。要坚持多管齐下、久久为功，以政治生态建设的新成绩，凝聚起推动党和人民事业不断从胜利走向胜利的强大力量。

坚持强化政治引领，严肃党内政治生活。全面从严治党要从党内政治生活抓起，开展严肃认真的党内政治生活是净化政治生态的重要抓手。要增强党内政治生活的政治性、时代性、原则性、战斗性，本着对同志负责、对事业负责的态度开展。对苗头性、倾向性问题早发现、早提醒、早纠正，防止小毛病变成大问题。

要培育清正廉洁的价值操守，健全党内政治文化。要加强反腐倡廉教育和廉政文化建设，督促领导干部坚定理想信念，保持共产党员的高尚品格和廉洁操守，同时，弘扬中华优秀传统文化。中华民族历来都讲“为政以德”，干部要以德修身、以德立威、以德服众。

注重标本兼治，健全全面从严治党体系。健全全面从严治党体系要突出全面性、系统性、整体性，使全面从严治党内容无死角、主体全覆盖、贯穿全过程。坚持制度治党、依规治党，构建以党章为根本、以民主集中制为核心的党内法规制度体系。

增强党内法规权威性和执行力，不断推进制度改革，确保制度执行有力，切实把制度优势转化为治理效能。腐败是危害党的生命力和战斗力的最大毒瘤。坚决打赢反腐败斗争攻坚战持久战对于保持风清气正的政治生态具有关键性作用。反腐败斗争就一刻不能停，必须永远吹冲锋号，努力营造风清气正的良好政治生态。

二、发展是党执政兴国的第一要务

发展关乎人民幸福、民族复兴，是党百年来革命和建设成功的重要法宝，是中国式现代化不断取得新成就、开辟新境界的关键所在。从“贫穷不是社会主义”“发展才是硬道理”，到“发展是党执政兴国的第一要务”，中国共产党始终把发展放在重要战略位置，带领人民用发展积累起更为坚定的物质基础、凝聚起更为主动的精神力量，不断满足人民群众对美好生活的向往，最终实现中华民族的伟大复兴。

（一）发展是实现强国建设、民族复兴伟业的必然要求

我们成为世界第二大经济体，占世界经济的比重约18%，综合国力大

幅提升，靠的是发展。人均可支配收入从2012年的1.65万元提高到2022年的3.69万元，实现近1亿农村贫困人口摆脱贫困，全面建成小康社会，历史性地解决了绝对贫困问题，靠的是发展。我们建成世界上规模最大的教育体系、社会保障体系、医疗卫生体系，中国特色社会主义事业取得历史性成就、发生历史性变革，靠的是发展。

新征程上，全面建成社会主义现代化强国，以中国式现代化全面推进中华民族伟大复兴，还要靠发展。正如习近平总书记指出："发展是党执政兴国的第一要务。没有坚实的物质技术基础，就不可能全面建成社会主义现代化强国。"越是宏伟的事业，越需要坚实的支撑。发展才是根本，是解决中国所有问题的基础和关键。只有坚定不移把发展作为党执政兴国的第一要务，才能奠定坚实的物质技术基础。没有发展，再宏伟的目标也只能流于空想。

发展是实现人民对美好生活向往的根本路径。2012年，在十八届中共中央政治局常委同中外记者见面时，习近平总书记强调："人民对美好生活的向往，就是我们的奋斗目标。"2022年，二十届中共中央政治局常委同中外记者见面时，习近平总书记庄严宣示："不断把人民对美好生活的向往变为现实。"人民向往更高水平的美好生活，我们党要长期执政，就要永远守民心、顺民心、得民心，就必须积极回应人民的期盼，坚持以经济建设为中心，一心一意谋发展，创造更多就业机会，不断增加城乡居民收入，提高人民生活水平，逐步实现共同富裕，创造人民向往的高质量幸福生活。如果没有发展或发展停滞，民生就难以改善，人民对美好生活的向往也必然落空，各类矛盾也会集中爆发，甚至出现一些影响社会和谐稳定的风险和隐患，我们党长期执政的基础也将面临严峻挑战。

发展是在国际竞争中掌握主动的必然选择。国家之间的竞争如逆水行舟，不进则退。中国在国际体系中的地位和作用实现了从"利益攸关方"到"世界多极化中的重要一极"，再到今天"始终是世界发展的重要机遇"

的历史性转变。我们之所以能达到今天的国际地位和影响力，根本还是在于改革开放以来的持续快速发展。当前，世界面临百年未有之大变局，大变局带来大挑战，也带来大机遇。美国等西方国家绝不甘心和坐视主导地位的丧失，必然处心积虑、不择手段打压中国。越是乱云飞渡、惊涛拍岸，越要处变不惊、沉着应对。能否应对好这一大变局，关键要靠我们保持战略定力，集中精力做好自己的事情。打铁必须自身硬，只有我们抓好发展，才能提供强大的物质基础，推动我国经济实力和综合国力不断实现新的跨越、达到新的高度，从而进一步提升我国国际地位和影响力，更好引领世界大变局朝着有利于中华民族伟大复兴、有利于世界和平与进步的方向发展。

（二）完整准确全面贯彻新发展理念

理念是行动的先导，一定的发展实践都是由一定的发展理念来引领的。发展理念是否对头，从根本上决定着发展成效乃至成败。习近平总书记强调，“党的十八大以来我们对经济社会发展提出了许多重大理论和理念，其中新发展理念是最重要、最主要的”[①]。新发展理念是习近平新时代中国特色社会主义思想的重要内容，是确保我国经济社会持续健康发展的科学理念。新发展理念是在深刻总结国内外发展经验教训、深刻分析国内外发展大势的基础上形成的，是针对我国发展中的突出矛盾和问题提出来的，系统回答了关于发展的目的、动力、方式、路径等一系列理论和实践问题，深刻阐明了关于发展的政治立场、价值导向、发展模式、发展道路等重大政治问题，深刻揭示了实现更高质量、更有效率、更加公平、更可持续、更为安全的发展之路，集中反映了我们党对中国特色社会主义经济发展规律的新认识，开拓了中国特色社会主义政治经济学新境界。新时

① 《习近平著作选读》第二卷，人民出版社2023年版，第406页。

代以来，正是在新发展理念科学指引下，我国经济社会发展取得历史性成就、发生历史性变革。实践充分证明，新发展理念具有很强的战略性、纲领性、引领性，是指挥棒、红绿灯，是我国发展思路、发展方向、发展着力点的集中体现，是管全局、管根本、管长远的导向，是新时代我国发展壮大的必由之路。新征程上，我们必须以新发展理念为指引，把新发展理念完整、准确、全面贯穿发展全过程和各领域。

贯彻新发展理念要坚持系统观念。新发展理念是一个系统的理论体系。创新是引领发展的第一动力，协调是持续健康发展的内在要求，绿色是永续发展的必要条件和人民对美好生活追求的重要体现，开放是国家繁荣发展的必由之路，共享是中国特色社会主义的本质要求。新发展理念注重解决的分别是发展动力问题、发展不平衡问题、人与自然和谐共生问题、发展内外联动问题、社会公平正义问题，侧重不同，但是一个具有内在联系的有机整体，是理论逻辑、历史逻辑和实践逻辑的辩证统一，相互贯通、相互促进，不能顾此失彼，也不能相互替代。习近平总书记指出，要始终以创新、协调、绿色、开放、共享的内在统一来把握发展、衡量发展、推动发展。哪一个发展理念贯彻不到位，发展进程都会受到影响。完整、准确、全面贯彻新发展理念，必须坚持系统观念，从整体上、从内在联系中把握新发展理念，统筹国内国际两个大局，统筹“五位一体”总体布局和“四个全面”战略布局，加强前瞻性思考、全局性谋划、战略性布局、整体性推进，增强贯彻落实的全面性、系统性。

贯彻新发展理念要坚持以人民为中心。人民是中国共产党执政的最深厚基础和最大底气。为人民谋幸福、为民族谋复兴，这既是我们党领导现代化建设的出发点和落脚点，也是新发展理念的“根”和“魂”。我们推动经济社会发展，归根到底是为了不断满足人民群众对美好生活的需要。发展为了人民，才有根本；发展依靠人民，才有动力。只有汇聚激发14亿多中国人民的磅礴力量，充分发挥广大人民的积极性、主动性、创造性，中国才能飞得高、跑得快。实现党的二十大擘画的宏伟蓝图，必须坚持以人民为中心的发展思想，坚持发展为了人民、发展依靠人民、发展成果由人民共享。

贯彻新发展理念要强化问题意识。新发展理念是针对我国发展中的突出矛盾和问题提出来的，直面问题是树立新发展理念的逻辑起点。改革开放尤其是进入新时代以来，我国经济社会快速发展，创造了举世瞩目的奇迹，但是，一些深层次问题和矛盾逐步凸显，传统增长动能转弱，城乡、区域等发展不平衡问题突出，资源环境承载能力已达到或接近极限，国内国际两个市场两种资源联动效应不高，公共资源和社会财富分配不均，这些长期积累的问题严重阻碍了经济社会持续健康发展。以习近平同志为核心的党中央立足国内国际大势，把握经济发展规律，主动把握和引领经济新常态，作出我国进入新发展阶段的重大论断，适时提出创新、协调、绿色、开放、共享的新发展理念，以此破解新时代发展的上述新问题。党的二十大开启了以中国式现代化全面推进中华民族伟大复兴的新征程，提出进入新发展阶段、贯彻新发展理念、构建新发展格局的发展命题，通过完整、准确、全面贯彻新发展理念，加快要素驱动向创新驱动转换、实现区域协调发展、提高内生动力和内外循环的互补性等战略举措，力求在危机和变局中实现经济行稳致远。贯彻新发展理念，要树牢问题意识，直面经济社会发展中的顽瘴痼疾，着力解决制约发展的关键难题，调整发展思路、发展方向和发展着力点，引领实现高质量发展。

贯彻新发展理念要坚持深化改革开放。坚持创新发展、协调发展、绿色发展、开放发展、共享发展是关系我国发展全局的一场深刻变革。完整、准确、全面贯彻新发展理念，必须激发改革精神，既要以新发展理念指导引领全面深化改革，又要通过深化改革为贯彻新发展理念提供体制机制保障。唯有通过全面深化改革，才能更好践行新发展理念，破解发展难题、增强发展活力、厚植发展优势。新征程上，要围绕增强创新能力、推动平衡发展、改善生态环境、提高开放水平、促进共享发展等重点领域和关键环节，继续深化改革，持续完善制度体系。

（三）以新发展理念引领高质量发展

党的二十大报告中精辟概括了中国式现代化九方面的本质要求，其中一个重要的方面就是“实现高质量发展”，并且明确指出高质量发展是全面建设社会主义现代化国家的首要任务。推动高质量发展是遵循经济发展规律、保持经济持续健康发展的必然要求。改革开放以来，在劳动力、资本和资源的高投入驱动下，我国经济快速发展。进入新发展阶段，生产要素面临着瓶颈约束：人口快速老龄化使得劳动力成本迅速上升，人口红利优势逐步减弱；资本边际收益下降，高投资驱动的高速增长难以为继；资源的过量开采引发生态环境承载力转弱，在这种情况下，必须从要素驱动、投资规模驱动发展为主向以创新驱动发展为主转变，实现高质量发展。推动高质量发展是适应我国社会主要矛盾变化、全面建设社会主义现代化国家的必然要求。社会主要矛盾的变化是关系全局的历史性变化。我国社会主要矛盾已经转化为人民日益增长的美好生活需要和不平衡不充分的发展之间的矛盾。全面建设社会主义现代化国家，必须主动适应社会主要矛盾变化，解决好发展不平衡不充分问题，着力提高发展的质量和效益，以效率变革、动力变革促进质量变革，坚定不移推动高质量发展，为全面建设社会主义现代化国家提供更为坚实的物质基础，为更好满足人民对美好生活的需要提供根本支撑。

推动创新成为发展的第一动力。创新发展是我们应对资源环境约束、转变经济发展动力、把握发展主动权的战略选择。创新驱动高质量发展，要充分发挥好政府和企业作用。一方面要强化国家战略科技力量，发挥新型举国体制作用，以国家战略需求为导向，集中力量进行原创性引领性科技攻关，加强基础研究，突出原创，鼓励自由探索，加快实现高水平科技自立自强。另一方面要强化企业科技创新主体地位，发挥科技型骨干企业引领作用，提升企业技术创新能力，落实和完善支持企业创新投入的政策措施，引导各类技术创新要素向企业集聚，营造有利于科技型中小企业成长的良好环境，加快建立健全企业主导产业技术创新的机制。

推动协调成为发展的内生特点。我国城乡区域发展差距较大，如何实现协调发展是实现高质量发展所迫切需要解决的难题。推进城乡融合发展，要深入推进新型城镇化，加大户籍制度改革力度，实现基本公共服务均等化，加快农业转移人口市民化步伐。全面推进乡村振兴战略，坚持农业农村优先发展，建立健全城乡融合发展体制机制和政策体系，让农业成为有奔头的产业，让农民成为有吸引力的职业，让农村成为安居乐业的美丽家园。要深入实施区域协调发展战略、区域重大战略、主体功能区战略，构建优势互补、高质量发展的区域经济布局和国土空间体系。加快推进京津冀协同发展、长江经济带发展、粤港澳大湾区建设等区域重大战略，着力推动西部开发、东北振兴、中部崛起、东部率先发展，加快区域协同协调发展。

推动绿色成为发展的普遍形态。“绿水青山就是金山银山”。绿色是高质量发展的底色，不仅有利于满足人民对美好环境的需要，还能够汇集新的发展动能。要坚持走绿色发展之路，推动自然资本大量增值，让良好生态环境成为人民生活的增长点、成为展现我国良好形象的发力点，深入推进山水林田湖草沙综合系统治理和保护，加快实施重大生态系统保护和修复工程，持续改善生态环境。推进各类能源节约集约利用，发展绿色低碳产业，倡导绿色消费。立足我国能源资源基本国情，坚持先立后破，深入推进能源革命，稳妥有序推进碳达峰行动。推动工业、建筑、交通等领域绿色低碳发展，提升生态系统碳汇能力。加快形成资源节约和环境友好的产业体系、生产生活方式，加快研发应用节能降碳先进技术。积极参与应对气候变化全球治理。

推动开放成为发展的必由之路。开放是国家繁荣发展的必由之路，我们要坚定不移推进高水平对外开放，为实现高质量发展提供有力支撑。对标高标准国际经贸规则，更好发挥自贸试验区、海南自由贸易港改革开放试验田作用，稳健加大规则、规制、管理、标准等制度型开放力度，推动形成更高水平开放型经济新体制。推动共建“一带一路”高质量发展。坚持多边主义原则，坚决反对保护主义，积极推进全球治理体系改革和建设，扩大面向全球的高标准自由贸易区网络。优化区域开放布局，巩固东部先导地位，提升东部地区的全球竞争力，加快中西部和东北地区开放步伐，打造新的对外开放前沿。

推动共享成为发展的根本目的。发展的根本目的是增进民生福祉，也是实现中国高质量发展的根本目的。要坚持全体人民共同富裕路径，自觉主动解决地区差距、城乡差距、收入差距等问题，坚持在发展中保障和改善民生，让广大人民共享国家经济、政治、文化、社会、生态等各方面建设成果。要正确处理效率与公平的关系，调整收入分配格局，通过税收、社会保障、转移支付等完善再分配制度体系，推动居民收入格局向着更加公平合理的方向转变。加快基本公共服务均等化，健全社会保障体系，完善基本养老保险全国统筹制度，完善支持生育配套政策，降低家庭生育、养育等成本。

（四）加快构建新发展格局

加快构建新发展格局，是党的二十大提出的一项战略任务，是立足实现第二个百年奋斗目标、统筹发展和安全作出的战略决策，是把握未来发展主动权的战略部署。习近平总书记指出，“我国14亿多人口整体迈进现代化社会，规模超过现有发达国家人口的总和，其艰巨性和复杂性前所未有，必须把发展的主导权牢牢掌握在自己手中。我国是一个超大规模经济体，而超大规模经济体可以也必须内部可循环。”[①]只有加快构建新发展格局，才能夯实我国经济发展的根基，有效应对前进道路上各种可以预见和难以预见的风险挑战，确保中国式现代化建设行稳致远。只有加快构建新发展格局，促进生产、分配、流通、消费形成良性循环，才能实现更高质量、更有效率、更加公平、更可持续、更为安全的发展。只有加快构建新发展格局，提升国内大循环内生动力和可靠性，增强对国际循环的吸引力、推动力，才能更好践行全人类共同价值观、构建人类命运共同体。

供需两端发力畅通经济循环。构建新发展格局的关键在于实现经济循环的畅通无阻，这就要求要把扩大内需战略同深化供给侧结构性改革有机结合起来，供需两端同时发力、协调配合，实现供给与需求更高水平的有效衔接。供给方面，要坚持深化供给侧结构性改革，持续推动科技创新、制度创新，优化供给结构，突破供给约束堵点、卡点、脆弱点，不断提高供给的有效性，给人民提供更多优质的生产生活用品，创造引领新的需求。需求方面，要立足扩大内需，尽快形成完整内需体系，着力扩大有收入支撑的消费需求、有合理回报的投资需求、有本金和债务约束的金融需求。通过更好统筹扩大内需和深化供给侧结构性改革，增强国内大循环内生动力和可靠性。

加快实现高水平科技自立自强。完善党中央对科技工作的集中统一领导，发挥好新型举国体制作用，强化国家战略科技力量，优化创新资源配置，提升国家创新体系整体效能。统筹实施科教兴国战略、人才强国战略和创新驱动发展战略，坚持教育发展、科技创新、人才培养一体推进，原始创新、集成创新、开放创新一体设计，创新链、产业链、人才链一体部署，着力增强自主创新能力。坚决打赢关键核心技术攻坚战，以国家战略

① 习近平:《加快构建新发展格局 把握未来发展主动权》,《求是》2023年第8期，第4–8页。

需求为导向，集聚力量进行原创性、引领性科技攻关，着力解决“卡脖子”问题，在关系国家安全的领域和节点构建自主可控、安全可靠的国内生产供应体系，抢占科技竞争和未来发展制高点。深化科技体制改革，加大多元科技投入，加强知识产权保护，形成支持全面创新的基础制度。加强基础研究，鼓励自由探索，培育创新文化，营造良好创新环境。

加快建设现代化产业体系。新发展格局以现代化产业体系为基础，经济循环畅通需要各产业有序链接、高效畅通。要继续把发展经济的着力点放在实体经济上，积极推动制造业企业加大技术改造投资力度，把发展智能制造作为主攻方向，强化高端产业引领功能。加快数字经济发展，推进数字经济和实体经济融合发展，培育具有国际竞争力的数字产业集群。推动战略性新兴产业融合集群发展，打造新一代信息技术、生物技术、人工智能、新能源、新材料、高端制造、绿色环保等新增长引擎。优化生产力布局，推动重点产业在国内外有序转移，支持企业深度参与全球产业分工和合作，促进内外产业深度融合，打造安全可靠、自主可控、竞争力强的现代化产业体系。

加快构建全国统一大市场。从全局和战略高度加快建设全国统一大市场，充分发挥我国超大规模市场优势，是推动我国市场由大到强和实现经济高质量发展的必由之路，对构建以国内大循环为主体、国内国际双循环相互促进的新发展格局至关重要。要强化统一大市场基础制度建设，推进市场基础设施互联互通，建立公平规范高效的市场监管体系。系统梳理并清理废除妨碍要素自由流动的政策措施，打破地方保护和市场分割，打通制约经济循环的关键堵点，打造统一的要素和资源市场。全面推进乡村振兴，深入实施区域协调发展战略，畅通城乡区域间经济循环，推动各种市场要素在城乡区域间自由流动，促进商品要素资源在更大范围内畅通流动。深化要素市场改革，实现要素价格市场决定、流动自主有序、配置高效公平。

（五）让人民在发展中得到更多实惠

我们的发展是以人民为中心的发展，如果发展不能让人民群众得到实际利益，发展也就没有了意义，也不可能持续。民生是人民幸福之基、社会和谐之本，也是我们一切工作的出发点和落脚点。民生连着内需，连着发展，抓民生也是抓发展。我们要坚持在发展中保障和改善民生，让发展成果更多更公平惠及人民群众，增进民生福祉，提高人民生活品质。

着力提高人民收入水平。收入乃民生之源，提高收入水平是人民最关心最直接最现实的利益问题，是民生问题的重中之重。提高人民收入水平，要坚持按劳分配为主体、多种分配方式并存，通过健全完善三次分配机制、改善收入和财富分配格局，努力实现在经济增长中同步提高居民收入、在劳动生产率提高中同步提高劳动报酬，促进经济行稳致远和社会安定和谐。要提高劳动报酬在初次分配中的比重。劳动报酬是我国居民群众收入的主要来源，提高劳动报酬在初次分配中的比重，有利于促进收入分配更合理、更公平，有利于激发人们通过劳动创造美好生活的热情。要完善按要素分配政策制度，健全各类生产要素由市场决定报酬的机制，探索通过土地、资本等要素使用权、收益权增加中低收入群体要素收入，多渠道增加居民财产性收入。要完善再分配调节机制，加大税收、社保、转移支付等调节力度和精准性，合理调节过高收入，取缔非法收入。发挥第三次分配作用，发展慈善事业，改善收入和财富分配格局。

实施就业优先战略。我国是人口大国，就业总量压力长期存在，解决就业问题是一项长期的重大战略任务。就业稳，民心就稳。要坚持就业优先政策，完善就业促进政策，实现高质量充分就业。健全完善就业公共服务制度和体系，加强对重点群体就业的支持，兜底帮扶困难群体、特殊群体就业。破除阻碍劳动力、人才流动的体制和政策弊端，统筹城乡就业政策体系，畅通劳动者社会性流动渠道，消除就业歧视，使人人都有通过勤奋劳动实现自身发展的机会。推动解决结构性就业矛盾，健全终身职业技能培训制度，多元化推进职业技能培训，提高劳动者职业素养。健全劳动法律法规，支持和规范发展新就业形态，健全以创业带动就业的政策体系，加强对劳动者合法权益的保护。

健全社会保障体系。社会保障体系是人民生活的安全网和社会运行的稳定器。党的二十大报告指出，要“健全覆盖全民、统筹城乡、公平统一、安全规范、可持续的多层次社会保障体系”。这就要求要全面推进健全社会保障体系，统筹推进、一体谋划养老、医疗、失业、工伤、社会救助、住房保障等各方面工作，而不是单项突破；实质提高城乡区域之间、制度之间、部门之间的协同性。要紧扣多层次社会保障体系建设发力，促进多层次医疗保障有序衔接，健全分层分级社会救助体系，政府做好基础性、兜底性、普惠性民生建设，同时积极发挥市场在养老、助残、幼儿托育等方面的积极作用。要着力推进主要社会保障制度的深化改革，实现基本养老保险真正全国统筹、基本医疗保险增强互助共济性，建立城乡居民养老保险待遇调整机制、长期护理保险制度、基本养老服务制度及发展妇女儿童和残疾人福利事业等，积极应对人口老龄化，为人民群众提供稳定预期和充分保障。

深入推进健康中国建设。人民健康是中国式现代化的本质要求。要把保障人民健康放在优先发展的战略地位，坚持预防为主的方针，深入实施健康中国行动，完善国民健康促进政策。优化人口发展战略，促进生育政策和相关经济社会政策配套衔接，建立生育支持政策体系，降低生育、养育、教育成本。深化医药卫生体制改革，加快优质医疗资源扩容和区域均衡布局，促进医保、医药、医疗协同发展和治理，更好满足群众多层次医疗服务需求。健全公共卫生体系，提高应对突发公共卫生事件和重大疫情能力。深入开展健康中国行动和爱国卫生运动，促进全民养成文明健康生活方式。

办好人民满意的教育。教育是国之大计，更是党之大计。新时代新征程需要更多堪当民族复兴重任的人才，人民也要享受更好的教育，这就对教育事业提出了更高的要求。要发展全民教育、终身教育，大力提高国民素质，努力让每个人享有受教育的机会。教育大计，教师为本。要着力建设一支高素质专业化教师队伍。教育公平是社会公平的重要基础。要促进教育公平，下更大功夫优化区域教育资源配置，让更优质、更公平的义务教育惠及广大青少年，不断提升群众获得感。要增强职业技术教育适应性，培养更多适应社会需求的应用型、技能型人才。高等教育是国家发展水平和潜力的重要标志。要提高高等教育质量，推进高等教育分类管理和高等学校综合改革，构建更加多元的高等教育体系，加快建设世界一流大学和一流学科，全面提高人才培养质量，把服务国家作为最高追求。

三、坚定不移推进改革开放

邓小平指出，改革也包括开放。改革开放是当代中国最鲜明的特色，是我们党在新的历史时期最鲜明的旗帜。习近平总书记多次强调："只有改革开放才能发展中国、发展社会主义、发展马克思主义。"改革开放只有进行时，没有完成时。新时代新征程，要坚定不移推进改革开放，用改革的办法破解发展中的难题，为强国建设、民族复兴伟业提供永不枯竭的前进动力。

（一）改革开放是决定当代中国命运的关键一招

改革开放是决定当代中国命运的关键抉择，是党和人民事业不断发展前进的动力所在。习近平总书记强调："改革开放是决定当代中国命运的关键一招，也是决定实现'两个一百年'奋斗目标、实现中华民族伟大复兴的关键一招。”[①]

改革开放是我们党的一次伟大觉醒，正是这个伟大觉醒孕育了我们党从理论到实践的伟大创造。改革开放是我们党的一次伟大革命，正是这个伟大革命推动了中国特色社会主义事业的伟大飞跃。方向决定道路，道路决定命运。“文化大革命”结束后，面对百废待兴的局面，以邓小平同志为主要代表的中国共产党人打破“两个凡是”的思想禁锢，提出“解放思想、实事求是”，为改革的启动打开了思想上的阀门。党的十一届三中全会，确定以经济建设为中心，实行改革开放的历史性决策，为中国未来发展明确了新方向。贫穷不是社会主义，社会主义的根本任务是解放和发展社会生产力，这些重要论断使我们从理论和实践方面重新认识了社会主义。在市场经济领域，党的十二大第一次明确提出计划经济为主、市场调节为辅的原则。党的十二届三中全会提出“有计划的商品经济”。党的十三大明确指出：“国家调节市场，市场引导企业。”党的十四大提出建立社会主义市场经济体制，发挥市场在资源配置中的基础性作用。党的十八届三中全会提出完善社会主义市场经济体制，发挥市场在资源配置中的决定性作用。社会主义市场经济理论不断完善，都伴随着经济的快速发展和财富创造效率的极大提高。改革开放使我们从理论和实践方面重新认识了社会主义市场经济。在改革开放的伟大历史进程中，我们找到了一心一意建设社会主义现代化的新路。这条路就是邓小平在党的十二大开幕词上提出的“建设有中国特色的社会主义”。以习近平同志为核心的党中央带领全党全国人民继续书写“坚持和发展中国特色社会主义”这篇大文章，成功推进和拓展了中国式现代化道路，创造了人类文明的新形态。

改革是发展的动力，我国过去40多年的快速发展靠的是改革开放，未

① 《习近平新时代中国特色社会主义思想学习纲要（2023年版）》，学习出版社、人民出版社2023年版，第82页。

来发展也必须坚定不移依靠改革开放。没有改革开放，就没有今天中国的经济奇迹，就没有今天中国人民的美好生活，就没有今天国际地位和影响力明显提升。正如习近平总书记所说："没有改革开放，就没有中国的今天，也就没有中国的明天。"[①]

随着经济社会持续快速发展，中国进入新发展阶段，经济由高速增长转变为高质量发展，人民对美好生活的向往与不平衡不充分的发展之间的矛盾成为主要社会矛盾，长期积累的深层次矛盾和体制机制问题日益凸显，改革进入攻坚期和深水期。习近平总书记指出，"容易的、皆大欢喜的改革已经完成了，好吃的肉都吃掉了，剩下的都是难啃的硬骨头。"[②]实践充分证明，改革开放中的矛盾和问题只能用改革开放的办法来解决。中国要前进，除了全面深化改革开放，别无他途。面对人民群众新期待，面对新征程新任务，面对国际新形势，我们必须坚定全面深化改革开放信心，以更大的政治勇气和智慧扛起改革开放大旗，以更有力的措施和办法继续深化改革开放，进一步解放思想、进一步解放和发展生产力、进一步解放和增强社会活力，将改革开放进行到底。

（二）全面深化改革是有方向、有立场、有原则的

全面深化改革往什么方向走，是一个需要解决的根本问题。全面深化改革是一场影响长远、关系全局的伟大革命，事关民族命运、国家前途和人民福祉，如果在政治方向、政治立场和根本原则等根本问题上模糊不清甚至犯了错误，那么后果将会是无法补救的，甚至是毁灭性的。因此，新时代全面深化改革必须朝着正确的方向、站稳正确的立场、坚守正确的原则前进。习近平总书记强调，"我们的改革开放是有方向、有立场、有

① 习近平：《论坚持全面深化改革》，中央文献出版社2018年版，第9页。
② 习近平：《论坚持全面深化改革》，中央文献出版社2018年版，第84页。

原则的”。无论改什么、改到哪一步，坚持党对改革的集中统一领导不能变，完善和发展中国特色社会主义制度、推进国家治理体系和治理能力现代化的总目标不能变，坚持以人民为中心的改革价值取向不能变。这是全面深化改革必须始终坚持的方向、立场和原则。全面深化改革，必须坚持方向不变，立场不移，原则不改，从我国国情出发，有计划有步骤推进改革，既不走封闭僵化的老路，也不走改旗易帜的邪路，推动党和人民事业更好发展，确保改革开放这艘航船沿着正确方向破浪前行。

方向决定道路，道路决定命运。早在改革开放初期，我们党就明确指出，改革必须坚持社会主义方向，没有社会主义这个前提，改革开放就会走向资本主义。40多年来，正是在这一正确方向的指引下，我们党才能冲破思想束缚，不断战胜各种艰难险阻，始终沿着正确道路不断前进。今天，全面深化改革面临着更加深刻复杂的国际国内环境，发展中的问题和发展后的问题，一般矛盾和深层次矛盾交织叠加，各种思想观念和利益诉求相互激荡。越是在这种关键时刻，越是情况复杂严峻，就越是要保持清醒，坚持正确的改革方向。习近平总书记指出，“全面深化改革总目标是完善和发展中国特色社会主义制度、推进国家治理体系和治理能力现代化。这两句话是一个统一整体，前一句规定了根本方向，这个方向就是中国特色社会主义道路，而不是其他什么道路。后一句规定了在根本方向指引下完善和发展中国特色社会主义制度的鲜明指向。两句话都讲，才是完整的、全面的。”[①]新时代谋划全面深化改革，必须始终坚持这个根本方向，不断巩固和发展中国特色社会主义制度，全面系统推进各领域各方面体制机制改革，推动各方面制度更加成熟更加定型，不断实现国家治理体系和治理能力现代化。

---

① 《习近平新时代中国特色社会主义思想学习纲要（2023年版）》，学习出版社、人民出版社2023年版，第85–86页。

立场问题至关重要。一项事业为谁谋福、靠谁推进，一套理论替谁代言、为谁发声，这是根本立场问题。人民立场是我们党的根本政治立场，是马克思主义政党鲜明的政治品格。全面深化改革必须坚持人民至上，始终牢牢站稳人民立场，坚持以人民为中心的价值取向。必须以促进社会公平正义、增进人民福祉为出发点和落脚点，有违社会公平正义、有碍人民福祉改善的领域和环节就是全面深化改革的关键和重点，要排除万难、下大力气去解决。必须紧紧依靠人民群众全面深化改革。改革开放在认识和实践上的每一次突破和发展，改革开放中每一个新生事物的产生和发展，改革开放每一个方面经验的创造和积累，无不来自亿万人民的实践和智慧。改革发展稳定任务越繁重，我们越要保持党同人民群众的血肉联系，善于凝聚人民群众的改革共识，善于从人民的实践创造和发展要求中完善政策主张，调动一切可以调动的积极因素，不断为深化改革开放夯实群众基础。必须把人民共享落到实处，不能给老百姓带来实实在在的利益，不能让人民群众满意，不能保证人民群众享受改革成果，这样的改革就失去了意义。我们的改革必须是全民共享、全面共享、共建共享、渐进共享的改革。

原则问题是大是大非问题，必须立场坚定，旗帜必须鲜明。东西南北中，党政军民学，党是领导一切的。全面深化改革必须坚持和完善党的领导，决不能有任何的动摇、丝毫的偏离，任何时候都必须把坚持党的集中统一领导作为全面深化改革的最高政治原则。改革开放40多年的实践启示我们，党的集中统一领导是保证全面深化改革乘风破浪、奋勇向前的指南针、定盘星和压舱石。新征程上，改革能不能朝正确的方向推进，中国特色社会主义能不能不改向、不变色，从根本上取决于党的领导核心作用发挥得好不好。全面深化改革，必须充分发挥党总揽全局、协调各方的领导核心作用，始终坚持把党的基本路线作为党和国家的生命线，始终坚持把以经济建设为中心同四项基本原则、改革开放这两个基本点统一于中国特色社会主义伟大实践，坚持社会主义制度不动摇，坚持党的领导不动摇，坚定不移走中国特色社会主义道路。必须持续推进党的建设，不断提高党把方向、谋大局、定政策、促改革的能力和定力，为把全面深化改革向纵深推进提供根本保证。

（三）推进国家治理体系和治理能力现代化

国家治理体系和治理能力是一个国家制度和制度执行能力的集中体现，关系党和国家的前途命运。党的二十大报告提出的主要目标任务之一就是“国家治理体系和治理能力现代化深入推进”。推进强国建设、实现民族复兴伟业，发挥好社会主义制度优势，必须深入推进国家治理体系和治理能力现代化。

推进国家治理体系现代化为推进中国式现代化提供制度保障。我国国家治理体系是在党领导下管理国家的制度体系，包括经济、政治、文化、社会、生态文明和党的建设等各领域体制机制、法律法规安排，也是我国国家制度优势的集中体现。我国国家治理体系是我们党在长期的革命、建设和发展过程中，不断深化对“三大规律”认识的基础上，及时总结转化成功实践经验并用制度固化而成的成果；是在中国的社会土壤中生长出来的、深深根植于中华文化、深得中国人民拥护的中国制度，具有多方面的显著优势和强大的生命力。新征程上，坚持完善和发展国家治理体系，形成更加成熟更加定型的制度，才能为中国式现代化道路提供坚实的制度保障。

推进国家治理能力现代化为推进中国式现代化提供强大动力。国家治理能力涵盖改革发展稳定、内政外交国防、治党治国治军等各个方面，体现执政者运用国家制度治理国家的能力。新征程上，只有深入推进国家治理能力现代化，增强制度意识，严格按照制度、依照法律管理社会生活方方面面，才能推动党和国家各项工作制度化、规范化、程序化，不断提高执政能力和水平，把中国特色社会主义制度优势转化为治理效能，从而广泛汇聚亿万人民群众的磅礴力量，充分激发推进中国式现代化的动力和活力。

推进国家治理体系和治理能力现代化，必须始终坚持党的全面领导。治理一个大国必须有一个坚强有力的领导核心。中国共产党是各项事业的坚强领导核心，是中国特色社会主义国家治理价值目标的引领者，是国家治理方案的决策者和政策的制定者。只有坚持党的领导，把党的领导落实到国家治理各领域各方面各环节，才能保证国家治理体系朝着正确的方向稳步前进，才能保证党对推进国家治理体系和治理能力现代化的各项主张落实落地，才能确保治理能力稳步提高。

推进国家治理体系和治理能力现代化，必须系统谋划顶层设计。推进国家治理体系和治理能力现代化是一项复杂的系统工程，需要统筹布局、全面协调推进。要坚持中国特色社会主义方向不动摇，着力固根基、扬优势、补短板、强弱项，不断健全完善我们的根本制度、基本制度、重要制度，形成系统完备、科学规范、运行有效的制度体系。要着力构建科学高效的治理体系，加强系统治理、依法治理、综合治理、源头治理，统筹谋划各个方面、各个层次、各个要素，把建立长远制度同解决眼前突出矛盾结合起来，把整体推进和单兵突进结合起来，把解决老大难问题和应对新形势新任务结合起来，在国家治理体系和治理能力现代化上形成总体效应、取得总体效果。

推进国家治理体系和治理能力现代化，要增强制度执行力。制度的生命力在于执行。制度优势转化为治理效能，提高制度的执行力是关键步骤和重要环节，没有制度执行力就没有国家治理能力现代化。再健全的治理体系，最终都要依靠高超的、有效的治理能力去体现和落实。要切实强化领导干部制度意识，抓好领导干部这个关键少数，带头维护制度权威，提高制度执行能力与素质，把自觉严格执行制度作为一种原则、作为一种责任、作为一种习惯，内化于心、外化于行。制度执行监督是确保制度执行力的有效抓手，要健全权威高效的制度执行机制，强化监督和执纪问责机制，让做选择、搞变通、打折扣无处遁形，让严格按照制度履行职责、行使权力、开展工作成为必然，切实增强制度执行力，确保制度管用见效。

（四）推动全面深化改革落地生根

改革重在落实，也难在落实。习近平总书记反复强调抓落实的重要性，指出："一分部署，九分落实。"当前我国改革形势更加复杂、任务更加繁重，已经到了不进则退的重要关头，各项改革举措能否落地、能否落实、能否落细，直接决定着改革的成效，甚至决定着改革的成败。

强化改革责任担当。改革推进到今天，共识、信心、决心非常重要，但更重要的是担当。习近平总书记强调："要强化改革责任担当，看准了的事情，就要拿出政治勇气来，坚定不移干。"[①]全面深化改革，必须要解放思想，坚持实事求是，敢于较真碰硬，敢于啃硬骨头，勇于向利益固化的藩篱开刀，勇于攻坚各种顽瘴痼疾。全面深化改革是新的历史时期对党员干部的考验。领导干部这个"关键少数"肩负着崇高使命，是带领广大党员干部和人民群众攻坚克难、从胜利走向胜利的"领头雁"。各级党员领导干部要强化改革的自觉和担当，保持改革的定力和信心，牢固树立改革思维，增强改革攻坚能力，切实担当起改革的政治责任和历史使命，时时谋改革，处处谋发展，以实干精神促改革，以钉钉子精神抓落实，不断攻克改革难题，推动改革向纵深发展。要着力强化敢于担当、攻坚克难的用人导向，把那些想改革、谋改革、善改革的干部用起来，营造惟改革者进、惟创新者强、惟改革创新者胜的良好政治生态，引导和激励党员干部

---

① 习近平：《论全面深化改革》，中央文献出版社2018年版，第81页。

勇挑重担、冲锋在前，把党中央关于改革的决策部署全面落实到位。要全面提升党员领导干部改革能力，加强理论学习，增强运用马克思主义立场观点方法论指导改革创新的能力。围绕本职工作的实际需求，不断提高专业化能力水平，强化适应新时代发展要求的能力，培厚改革创新的素质底蕴。

建立改革落实机制。抓改革落实，要遵循改革规律、抓住改革重点，建立健全落实机制，推动各项改革举措落地生根。要严格落实改革的主体责任，构建高效率、可核实的体制机制，确保改革成效。要结合本地区本部门改革任务，看改革方案是否符合全局需要，改革举措是否有力，改革成效是否取得，通过落实机制推动改革沿着正确方向落到实处。要重视调查研究，坚持密切联系人民群众，了解基层群众所思、所想、所盼，善于从群众关注的焦点、百姓生活的难点中寻找改革切入点，善于汇聚群众智慧制定改革举措，推动顶层设计和基层探索良性互动、有机结合，使改革更接地气。鼓励创新也允许试错，既鼓励创新、表扬先进，也允许试错、宽容失败，充分调动各方面深化改革的积极性、主动性、创造性，推动全社会形成想改革、敢改革、善改革的良好风尚。

鼓励基层探索创新。最大的创造力在基层、在群众。改革开放以来，很多改革成果都是来自基层、由人民群众创造出来的。人民群众中蕴藏着巨大的改革智慧和力量。新时代新征程，改革任务更加繁重，就更要走好群众路线，支持鼓励基层和人民群众的改革创新。要尊重和发挥地方、基层、群众的首创精神，及时总结他们创造的丰富经验，发挥好先进典型的示范引领作用，适时推广好的经验做法。我国国情复杂，各地发展情况不同，面对的问题也各不相同，既要通盘考虑，也要结合当地具体实际，鼓励不同区域大胆探索、认真试点，紧密结合实际推进改革创新，使改革更加符合地区实情，更加精准对接人民群众的需要。

（五）中国开放的大门只会越开越大

开放是人类文明进步的重要动力，是世界繁荣发展的必由之路。40多年来，中国始终打开国门搞建设，坚持实行对外开放，兴办经济特区，深圳从昔日的荒滩渔村成为如今的国际都市；加入世界贸易组织，中国快速融入全球产业链，进出口贸易持续快速增长，推动了世界经济贸易格局的重塑，成功实现从封闭半封闭到全方位开放的历史性转变。中国的对外开放，不仅极大改变了中国的面貌，也促进了世界的繁荣和发展。历史和实践充分证明，过去中国经济发展是在开放条件下取得的，未来中国经济实现高质量发展也必须在更开放条件下进行。当今的时代是经济全球化的时代，开放融通成为不可阻挡的历史潮流。新一轮产业革命风起云涌，国际分工体系加速变革，在疫情、气候变化、可持续发展等全球性挑战面前，任何国家都不能独善其身。只有构建更加开放的全球贸易格局，以开放促进各国之间的交流合作，才能汇聚强大的发展动能，推动经济全球化不断向前，带动各国经济社会不断发展，让发展成果更多更公平惠及各国人民。

加快推进制度型开放。与商品、要素相比，规则、规制、管理、标准等，是国家间进行投资与贸易活动的“契约”。因此，制度型开放是更高层次、更高水平的开放。制度型开放要求在贸易、投资和人员流动等方面进一步加大对外开放力度，实现程序、标准和规则的国际接轨，并和国际相关通行规则对标。我们要主动对接高标准国际经贸规则，加强前瞻性研究，发挥自贸区和自贸港压力测试实验室的作用，及时总结成熟经验，探索开发新举措。积极参与全球经济治理体系改革，推动形成开放、多元、稳定的世界经济秩序，引领新兴领域国际经贸规则制定，推动形成公正合理透明的国际规则体系，增强我国在国际经贸组织和规则方面的话语权和影响力，实现由“规则接受者”向“规则引领者”的转变。

营造市场化、法治化、国际化一流营商环境。营商环境就像空气，空气清新才能吸引更多投资。好的营商环境就是生产力，就是竞争力。要坚持“两个毫不动摇”，完善产权保护、市场准入、公平竞争等市场经济基础制度，依法保护企业产权和企业家权益，平等对待各类所有制企业，促进各类经营主体公平竞争。通过建设良好的营商环境，推动商品和要素在国内、国际的自由流动，促进国内国际双循环畅通无阻，以国内大循环吸引全球资源要素，让中国市场成为全球共享的大市场。

深度参与全球产业分工和合作。坚持高水平对外开放，要发挥好开放对拓展循环空间的作用，深度参与全球产业分工和合作，与外部世界良性互动。抓住、抓稳新一轮生产革命的脉搏，加强金融服务业和数字经济等重点领域的开放水平。加强数字中国、数字经济建设，打开数字领域国际合作的新局面。坚决遏制金融服务业等领域垄断格局，推进相关行业向社会资本开放，主动融入全球科技和创新网络，深化国际交流合作。有序推进人民币国际化，聚焦贸易投资便利化，进一步完善人民币跨境投融资交易结算等基础性制度，提高我国外汇和金融市场开放和准入程度，推动离岸人民币市场的健康发展，提升在开放条件下跨境资金流动的管理能力和风险防控能力，以人民币国际化促进深度参与全球产业分工和合作。

推动共建“一带一路”高质量发展。中国的高水平开放，是与世界合作共赢的开放。共建“一带一路”是中国对外开放的重要举措，在新征程上推动共建“一带一路”高质量发展，以中国的新发展为世界提供新机遇。加强政策对接，推进规划、机制对接，加强政策、规则、标准联通。推进基础设施建设互联互通，全力推进国际经济合作走廊建设，深化与重要港口城市合作，扩大空中快线和物流体系合作，促进信息基础设施安全高效互通，完善互联互通网络体系。深化经贸投资务实合作，推动对外贸易创新发展，深化丝路电商合作，推进跨境电商综合试验区建设，鼓励建设海外仓；聚焦重点国别和重点行业深化国际产能合作、国际产业链供应链合作；提高贸易投资自由化便利化水平。架设文明互学互鉴桥梁，扩大文化交流，健全文化交流平台，加强政府间正式交流和民间组织往来；推动健康、绿色、数字、创新丝绸之路建设；深化生态环保重点领域合作，加强数字经济、信息通信、新型基础设施等领域合作。

四、保证国家安全是头等大事

安全历来在中国共产党治国理政中处于重要位置。党的十八大以来，各种可以遇见和难以预见的安全风险挑战前所未有，以习近平同志为核心的党中央在准确把握国家安全形势变化新特点新趋势基础上，总揽国家安全全局，创造性提出总体国家安全观。总体强调的是“大安全”，既包括政治、国土、军事等传统安全，也包括经济、文化、社会、网络、生态等非传统安全。总体国家安全观的提出，标志着我国国家安全的内涵和外延比历史上任何时候都要丰富，时空领域比历史上任何时候都要宽广，国家安全在党和国家工作全局中的重要性日益突出。维护国家安全是全国各族人民根本利益所在。习近平总书记强调：“我们党要巩固执政地位，要团结带领人民坚持和发展中国特色社会主义，保证国家安全是头等大事。”

（一）坚持以人民安全为宗旨

民心是最大的政治，民安是最大的责任。一百多年来，中国共产党总是把人民安全作为自己最大的责任，践行全心全意为人民服务的根本宗旨，带领全国各族人民把一个灾难深重的、民不聊生的旧中国，努力建设成一个富强民主文明和谐美丽的社会主义现代化国家，赢得了民心。在革命年代，当国内外敌人欺压、残杀老百姓时，中国共产党动员组织人民进行反抗，建立起自己的武装，不惜流血牺牲，最终打败侵略者和其他反动势力，建立独立自主的新中国，人民生命安全有了根本保障。新中国成立后，中国共产党执政70多年来，特别是改革开放以来，无论是治党治国治军，还是内政外交国防，都把人民安全作为最大责任，扛在肩上。

把握新时代总体国家安全观，重要的是坚持以人民安全为宗旨，始终把人民安全放在最高位置，坚持以民为本、以人为本，坚持国家安全一切为了人民、一切依靠人民，夯实国家安全的群众基础。江山就是人民，人民就是江山。没有人民的安全，哪有江山的存在；没有江山的稳固，人民安全哪有保障。以人民安全为宗旨是我们党的性质宗旨和初心使命的具体体现，也是推进国家安全体系和能力现代化的根本立场。

（二）把政治安全放在首要位置

政治安全是国家安全的根本。政治安全涉及国家主权、政权、制度和意识形态的稳固，是一个国家最根本的需求，是一切国家生存和发展的基础条件，在国家安全中居于统领地位。“山河无恙，国泰民安”“皮之不存，毛将焉附”。这些耳熟能详的千古名言，包含着国家安全、政治安全的极端重要性。新时代我国维护政治安全，最根本的就是维护中国共产党的领导和执政地位、维护中国特色社会主义制度。中国共产党是执政党，党的领导是做好党和国家各项工作的根本保证，绝对不能有丝毫动摇。中国特色社会主义制度是抵御各种风险挑战、提高国家治理效能的根本保证，必须长期坚持不动摇。

一百多年来，在中国共产党的坚强领导下，中国人民和中华民族迎来了从站起来、富起来到强起来的伟大飞跃，确立了社会主义制度，开创、坚持和发展了中国特色社会主义道路。要把政治安全、人民安全、国家利益至上三者统一起来，确保实现党的长期执政、人民安居乐业、国家长治久安。

（三）以经济安全为基础

经济安全是国家安全的基础。发展是我们党执政兴国的第一要务，是解决我国一切问题的基础和关键。只有推动经济持续健康发展，才能筑牢人民安居乐业、社会安定有序、国家长治久安的物质基础。新中国成立以来，特别是改革开放以来，长期积累的综合国力，是我们从容应对风高浪急甚至惊涛骇浪的深厚底气。打赢防疫情、战洪水、抗地震和应对外部讹诈、遏制、封锁、极限施压等一场场硬仗恶仗，彰显了综合国力的增强。保证基本经济制度安全，维护社会主义市场经济秩序，要实现国民经济命脉的重要行业和关键领域安全可控。维护国家经济安全、金融安全、能源安全、粮食安全等，不断增强经济实力、科技实力、综合国力，运用发展成果筑牢国家安全的实力基础。

（四）以国土安全为保障

国土安全是立国之基。新中国成立后，我们党始终坚决捍卫领土主权和海洋权益，有效遏制侵害我国国土安全的各种图谋和行为，筑牢国土安全的铜墙铁壁。中国不侵略别国，对任何国家不构成威胁，却受到外国的威胁。新中国被迫打了抗美援朝战争、中印边境自卫反击战、珍宝岛自卫反击战、西沙群岛自卫反击战、对越边境自卫反击战等，中国人民解放军取得了胜利，打出了军威、国威，有效维护和改善了国家安全环境。党的十八大以来，党中央和中央军委狠抓全面从严治军，在古田召开全军政治工作会议，以整风精神推进政治整训，牢固树立战斗力这个唯一的根本的标准，重构人民军队领导指挥体制、现代军事力量体系、军事政策制度，人民军队体制一新、结构一新、格局一新、面貌一新。中国人民解放军是坚决捍卫国家和人民安全的钢铁长城。

（五）建设平安中国

民以安为乐，国以安为兴。新中国成立初期，中国共产党既重视防御外敌对国家安全的威胁，又重视维护社会内部的安全，实行人民民主专政，即对人民实行民主、对敌人实行专政。1950年12月开始，在全国范围内大张旗鼓地开展镇压反革命运动，基本上扫除了国民党反动派遗留在大陆的反革命残余势力，肃清了土匪和许多城市的黑社会势力，我国社会秩序获得前所未有的安定。

1983年，针对社会治安状况恶化，严重危害人民群众安全，党中央决定，在全国范围内对严重刑事犯罪分子依法实行从重从快集中打击。中国社会秩序很快好转，是深得人心的。

党的十八大以来，以习近平同志为核心的党中央着眼于国家长治久安、人民安居乐业，推动平安中国建设面向更高水平。2021年，全国群众安全感为98.6%。国际社会普遍认为，中国是世界上最安全的国家之一。党的二十大报告明确了未来5年的主要目标任务，要求平安中国建设扎实推进。建设高水平的平安中国更加可期。

（六）统筹发展和安全

发展和安全是两件大事。发展是解决安全的总钥匙，安全是发展的条件和保障。发展和安全是一体之两翼、驱动之双轮，必须同步推进。习近平总书记指出："统筹发展和安全，增强忧患意识，做到居安思危，是我们党治国理政的一个重大原则。"党的十八大以来，我们党牢牢把握发展和安全的关系，把安全发展贯穿国家发展全过程，党和国家兴旺发达，国家安全得到全面加强。

新形势下，统筹发展和安全，要以新安全格局保障新发展格局。加快构建以国内大循环为主体、国内国际双循环相互促进的新发展格局，是党作出的重大决策，是关系我国发展全局的重大战略任务。通过发展提升国家安全实力，把握住安全发展这条底线。推进国家安全思路、体制、手段创新，加快构建与新发展格局相适应的新安全格局，打赢维护国家安全总体战，以高水平安全保障高质量发展。